Das zauberhafte Back- und Dessertbuch

Disney

Das zauberhafte Back- und Dessertbuch

Thibaud
Villanova

riva

Ich freue mich, dass du auch bei meiner neuen Reise durch die größten Filme der Disney-Studios dabei sein möchtest!

Allen, die mich noch nicht kennen, darf ich mich kurz vorstellen: Seit 2014 habe ich fast 20 Kochbücher geschrieben und gestaltet und habe mich dabei von Fantasiewelten aus Film und Literatur inspirieren lassen. Einerseits habe ich versucht, Rezepte für alle Geschmäcker zusammenzustellen, andererseits war es mir ein Anliegen, mein Publikum durch Fotos und die optische Gestaltung der Bücher tiefer in die aufregenden Welten all dieser Filme, Serien, Bücher und Spiele eintauchen zu lassen.

Wer wenig Erfahrung am Herd hat, muss sich keine Sorgen machen. Meine Rezepte sind so konzipiert, dass man sie wirklich leicht zu Hause nachkochen und genießen kann. Die einzelnen Arbeitsschritte sind detailliert beschrieben, außerdem gibt es hilfreiche Extras wie ein Glossar oder Umrechnungstabellen. Ich bin sicher, dass Ihnen jedes einzelne Rezept in diesem Buch mühelos gelingen wird.

Wer meine früheren Kochbücher kennt, darf damit rechnen, dass ich auch an dieses Projekt mit derselben Leidenschaft, Energie und Genussfreude herangegangen bin, die mich nun einmal antreiben.

Als direkter Nachfolger meines 2019 erschienenen Titels *Das zauberhafte Kochbuch* möchte dieses Buch dich noch einmal in die Welt der Disney-Filme entführen – mit süßen und fruchtigen Backwaren und Desserts.

Jedes Rezept steht in direktem Bezug zu einem Disney-Film, und die ganze Sammlung macht Lust darauf, die vielen süßen Leckereien selbst einmal zuzubereiten. Probiere den Haselnuss- und Schokoladenkuchen, den Geppetto Cleo serviert, oder nasche eine harmlose Version des vergifteten Apfels aus Schneewittchen. Sorge mit der prächtigen Hochzeitstorte von Arielle für Aufsehen. Wie wäre es mit süßen Baos, einer fruchtig-scharfen Suppe aus Kumandra oder Pennys Ingwerkeksen, die Bernard und Bianca retten? Beim Biest kommen gleich mehrere Desserts auf den Tisch, und dieses Buch bietet noch mehr appetitliche Überraschungen.

Ich heiße alle Disney-Fans, ob Anfänger*innen oder versierte Küchenzauberer oder Küchenzauberinnen, in der süßen Welt der Fantasie herzlich willkommen. Ich hoffe, dass du in meinen Rezepten auch die kleinen Überraschungen entdeckst, die ich versteckt habe. Ich möchte dich mit meinem Buch zum Lächeln bringen und Lust darauf wecken, deinen Freundeskreis und deine Familie mit fantasievollen Desserts zu begeistern.

Viel Freude beim Lesen,

Thibaud Villanova
Gastronogeek

KÜCHENUTENSILIEN

Standmixer

Stabmixer

Springform

Muffinblech

Stieleisform

Tarteform

Gugelhupfform

Dämpfkorb

Backpinsel

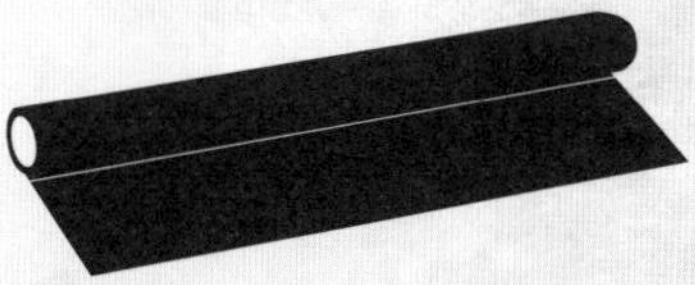

Silikon-Backunterlage

Mini-Spritzbeutel

Pfanne

Backerbsen

Küchenmaschine

Nudelholz

Holzspatel

Zuckerschrift

Küchenthermometer

Messbecher

Zitrusreibe

INHALT

DIE PRINZESSINNEN

SCHNEEWITTCHEN UND DIE 7 ZWERGE
VERGIFTETER APFEL
Liebesapfel, Rosmarin
S. 14

SCHRITT FÜR SCHRITT
ROTER KARAMELL
S. 16

CINDERELLA
DRIZELLAS PORRIDGE
Haferflocken, Lavendelhonig, Pistazien und Aprikosenkonfitüre
S. 19

DIE SCHÖNE UND DAS BIEST
PARIS-BREST À LA LUMIÈRE
Traditioneller Paris-Brest
S. 20

FLAMBIERTE CRÊPES
Crêpes Suzette mit Orange
S. 24

RAPUNZEL
COOKIES
Weiche Plätzchen mit Schokolade und Macadamias
S. 26

MERIDA
VERWANDLUNGS-KÜCHLEIN
Kleine Kuchen mit Heidelbeeren, Mandeln und Distelhonig
S. 28

KÜSS DEN FROSCH
TIANAS FLAMBIERTE BANANEN
Flambierte Bananen, Pekannüsse, Rum und Vanilleeis
S. 30

ARIELLE
HOCHZEITSKUCHEN
Torte mit Rosenaroma und Vanillecreme
S. 32

AUS ALLER WELT

PINOCCHIO
EIN KUCHEN FÜR CLEO
Orangenkuchen mit Schoko-Nougat-Creme
S. 38

SCHRITT FÜR SCHRITT
EINEN KUCHEN QUER HALBIEREN
S. 42

SCHRITT FÜR SCHRITT
SCHOKOLADEN-GANACHE
S. 44

SCHRITT FÜR SCHRITT
SCHOKO-NUSS-GLASUR
S. 46

SUSI UND STROLCH
EIN KRAPFEN FÜR SUSI
Krapfen mit Erdbeerkonfitüre
S. 48

DAS DSCHUNGEL-BUCH
EIN LASSI FÜR KING LOUIE
Joghurt-Drink mit Mango und Gewürzen
S. 52

ARISTOCATS
EDGARS CRÈME DE LA CRÈME
Crème mit Vanilleplätzchen
S. 54

BIG HERO 6
WINKEKATZEN-MUFFINS
Lockere Muffins mit Matcha
S. 58

COCO
PAN DE MUERTO
Hefegebäck mit Orangenblütenwasser
S. 60

BERNARD UND BIANCA
PENNYS PLÄTZCHEN
Ingwerplätzchen
S. 62

FRÜHSTÜCK MIT HINDERNISSEN
FRÜHSTÜCKS-PFANNKUCHEN
Amerikanische Pancakes
S. 64

OBEN
ABENTEUER-EIS
Eiscreme Vanille-Mandel und Schoko-Haselnuss
S. 67

LUCA
PORTOROSSO-CANNOLI
Cannoli mit Ricotta und Pistazien
S. 68

ENCANTO
MAMA MADRIGALS BUÑUELOS
Süße Krapfen mit Käse
S. 71

BAO
SÜSSE BAO
Teigtaschen mit roter Bohnenpaste
S. 72

SCHRITT FÜR SCHRITT
BAO FORMEN
S. 74

LILO & STITCH
SCHWARZWALD IM SCHNEE
Schwarzwälder Kirschtorte etwas anders
S. 76

TRIFF DIE ROBINSONS
EXPLOSIVES SANDWICH
Sandwich mit Erdnussbutter und Konfitüre
S. 78

SOUL
UNVERGESSLICHER KUCHEN
Pekannuss-Kuchen
S. 80

SCHRITT FÜR SCHRITT
MÜRBETEIG BLIND BACKEN
S. 82

INHALT

Aus der Welt Fantasie

ZOOTOPIA
TATZEN-EIS
Wassereis Erdbeere-Verbene
S. 86

KNUSPER-KAROTTEN
Süße Karotten am Stiel
S. 88

DIE MONSTER-UNI
RANDALLS CUPCAKES
Schoko-Cupcakes mit Vanillecreme
S. 91

SCHRITT FÜR SCHRITT
SPRITZEN
S. 92

DIE UNGLAUBLICHEN 2
LILA MOUSSE FÜR JACK-JACK
Brombeerschaum mit Lavendel
S. 95

DIE UNGLAUBLICHEN 2
STARKE WAFFELN
Waffeln mit gesalzener Butter und Ahornsirup
S. 96

HERCULES
DÄMONEN-DRINK
Würzige Limonade mit Orangen
S. 98

RAYA UND DER LETZTE DRACHE
KUMANDRA-TEE
Kalter Tee, Jasmin, Chili, Zitronengras und Palmzucker
S. 100

LEGENDÄRES REISDESSERT
Klebreis mit Mango und Kokosmilch
S. 103

SOUL
PIZZA AUS DAVORSEITS
Süße Pizza mit Früchten, weißer Schokolade und Mandeln
S. 105

DIE EISKÖNIGIN
KRONENKUCHEN
Saftiger Kuchen mit Orangenglasur und kandiertem Ingwer
S. 106

GRUNDREZEPTE

TEIGE
Mürbeteig
Sandteig
S. 110
Blätterteig
S. 111
Brandteig
Mandel-Mürbeteig
S. 112
Pizzateig
S. 113

CREMES
Crème pâtissière
S. 114
Crème anglaise
Buttercreme
S. 115
Mandelcreme
Schlagsahne
S. 116
Spritztüllen für die Konditorei
S. 117

GLASUREN
Schokoladenglasur
S. 118
Zitronenglasur
Zitronenguss
Frischkäseglasur
S. 119
Spiegelglasur
S. 120

BISKUITS
Biscuit Joconde
Genueser Biskuit
S. 121

SCHOKOLADE
Schokoladensauce
Schokoladensorten
S. 122
Schokolade temperieren
S. 123

ZUCKER-ZUBEREITUNGEN
Zuckersirup
Leichter Sirup
S. 124
Flüssiger Karamell
Karamellsauce mit gesalzener Butter
S. 125

BROTAUFSTRICHE
Schoko-Haselnuss-Creme
S. 126
Spekulatiuscreme
Anko-Paste
S. 127
Pistaziencreme
S. 128

BAISERS
Italienisches Baiser
Französisches Baiser
S. 129

EISCREME
Vanilleeis
S. 130
Schokoladeneis
S. 131

SAISIONALE FRÜCHTE
S. 132

UMRECHNUNG
S. 133

GLOSSAR
S. 134

REGISTER
S. 138

DIE PRINZESSINNEN

VERGIFTETER APFEL

LIEBESAPFEL, ROSMARIN

LEVEL:

VORBEREITUNG: 5 Min

KOCHZEIT: 10 Min

ABKÜHLZEIT: 5 Min

ZUTATEN
FÜR 6 PERSONEN

6 Äpfel (Sorte Pink Lady)

FÜR DEN ROSMARIN-KARAMELL

120 ml Wasser
250 g Puderzucker
50 g Glukosesirup
20 g Butter
20 ml Rosmarinsirup
5 Tropfen rote Lebensmittelfarbe

ZUBEHÖR
6 Holzstäbchen
Küchenthermometer (optional)

Obwohl uns das Märchen durchaus besorgt stimmen könnte, kann man Äpfel normalerweise gefahrlos verzehren. Und sogar ganz köstlich veredeln.

1 Für den Rosmarinkaramell das Wasser in einen Topf gießen. Zucker und Glukosesirup hinzufügen. Die Mischung auf 150 °C erhitzen (alternativ aufkochen und 10 Minuten köcheln lassen, dabei immer im Auge behalten, damit nichts anbrennt).

2 Inzwischen die Äpfel waschen, gut abtrocknen und auf die Holzstäbchen spießen.

3 Den Topf vom Herd nehmen, Butter und Rosmarinsirup hinzufügen. Die Lebensmittelfarbe hineinträufeln. Wenn die Mischung zu blass ist, einige Tropfen mehr zugeben. Mit einem Spatel kräftig verrühren.

4 Die Äpfel nacheinander in das Karamell tauchen. Sie sollen ganz bedeckt sein.

5 Die Äpfel mit dem Stiel nach oben auf ein Blatt Backpapier oder einen glatten Teller legen, bis das Karamell fest ist. Es glänzt dann wie ein roter Lolli, und kein hübsches Mädchen kann ihm widerstehen.

SCHRITT FÜR SCHRITT

ROTER KARAMELL

Zutaten

120 ml Wasser
250 g Puderzucker
50 g Glukosesirup
20 g Butter
5 Tropfen rote Lebensmittelfarbe

1

Das Wasser in einen Topf gießen. Den Zucker dazugeben.

2

Den Glukosesirup hinzufügen.

3

Die Mischung auf 150 °C erhitzen. Alternativ ohne Thermometer aufkochen, dann 10 Minuten köcheln lassen. Dabei den Topf immer im Auge behalten, damit die Mischung nicht anbrennt.

4

Die Butter zufügen und gut umrühren.

5

Die Lebensmittelfarbe in die Mischung träufeln.

6

Mit einem Spatel oder Holzlöffel umrühren, bis der Karamell schön rot ist. Dann kann er zum Überziehen von Früchten benutzt werden. ▶

Tipp

Du kannst dieses Karamell mit einem Sirup (ca. 20 ml) aromatisieren. Natürlich können auch andere Lebensmittelfarben verwendet werden. Und wenn dir die Farbe zu blass erscheint, verwende ruhig mehr als 5 Tropfen.

DRIZELLAS PORRIDGE

HAFERFLOCKEN, LAVENDELHONIG, PISTAZIEN UND APRIKOSENKONFITÜRE

LEVEL:

VORBEREITUNG: 15 Min

KOCHZEIT: 10 Min

RUHEZEIT: 15 Min

ZUTATEN
FÜR 4 PERSONEN

450 ml Milch oder Mandeldrink
300 g kernige Haferflocken
2 TL Lavendelhonig
2 EL Pistazienpüree
40 g Pistazienkerne
4 TL gute Aprikosenkonfitüre

Es ist nicht immer einfach, sich für Menschen einzusetzen, die einem das Leben schwer machen. Aber Kochen und Backen versüßen den Alltag. Dieser Porridge gibt Kraft und Energie für die guten Taten des Tages.

1 Die Milch in einen Topf gießen und zum Kochen bringen.

2 Auf schwache Hitze herunterschalten und die Haferflocken und 1 TL Honig dazugeben. Die Flocken unter ständigem Rühren 10 Minuten köcheln lassen.

3 Den Topf vom Herd nehmen und das Pistazienpüree unterrühren. Vor dem Anrichten 15 Minuten zugedeckt ruhen lassen.

Anrichten: Den Porridge auf 4 Schalen verteilen. Jede Portion mit 1 TL Konfitüre und einigen Pistazien garnieren. Nach Belieben mit Honig süßen. Dazu einen heißen schwarzen Tee servieren.

Tipp: Wer sich vegan ernährt, verwendet Ahornsirup oder Agavendicksaft anstelle von Honig. Der Porridge schmeckt auch mit anderen Nüssen und Früchten hervorragend.

PARIS-BREST À LA LUMIÈRE

TRADITIONELLER PARIS-BREST

LEVEL:

VORBEREITUNG: 30 Min

BACKZEIT: 47 Min

Fertigstellung: 30 Min

ZUBEHÖR

Spritzbeutel (am besten 3)
1 große Lochtülle
1 Sterntülle
Backpinsel
Silikon-Backunterlage mit Hilfslinien (nach Belieben)

Man sagt, dass Gebäck mit Butter einfach am besten schmeckt. Das wollen wir mit diesem klassischen französischen Rezept unter Beweis stellen.

1 Den Backofen auf 180 °C Ober-/Unterhitze vorheizen. Für den Brandteig Wasser und Butter in einem Topf zum Kochen bringen. Auf mittlere Hitze zurückschalten, dann Salz und Mehl auf einmal zugeben und mit einem Spatel gut umrühren, bis eine dicke, glatte und homogene Masse entsteht. Den Topf wieder auf mittlerer Hitze auf den Herd stellen und weiterrühren, bis sich die Masse von den Topfrändern löst.

2 Den Teig in eine zimmerwarme Rührschüssel geben. Die 4 ganzen Eier einzeln zugeben und jedes sorgfältig unterrühren. Das ist das Geheimnis zum Gelingen des Teigs. So lange rühren, bis ein dickflüssiger, glatter Teig entsteht, der wie ein zähes Band vom Löffel fließt.

3 Eine Backunterlage mit Hilfslinien verwenden oder einen Kreis mit 20 cm Durchmesser auf Backpapier zeichnen. Auf ein Backblech legen.

4 Den Brandteig in einen Spritzbeutel mit großer Lochtülle füllen und auf der Markierung einen Kreis spritzen. Einen zweiten Kreis innerhalb dieses Kreises spritzen, der direkt mit dem vorherigen verbunden ist. Einen letzten Kreis auf die beiden Kreise setzen, der der Rille zwischen den ersten beiden Kreisen folgt.

5 Das Eigelb mit 2 EL Wasser in einer Schüssel verrühren. Die Teigoberfläche dünn mit der Mischung einpinseln (nichts heruntertropfen lassen), damit sie später schön bräunt. Mit Mandelblättchen bestreuen.

6 12 Minuten im Ofen backen, dann einen Holzlöffel zwischen Tür und Ofen schieben, um den Ofen einen Spalt offen zu lassen, und weitere 35 Minuten backen.

7 Das Gebäck aus dem Ofen nehmen und auf ein Küchengitter legen.

ZUTATEN
FÜR 4 PERSONEN

FÜR DEN BRANDTEIG
250 ml Wasser
100 g Butter
5 g Salz
200 g Mehl
4 Eier + 1 Eigelb
80 g Mandelblättchen
Puderzucker zum Bestreuen

FÜR DIE CREMEFÜLLUNG
250 ml Vollmilch
3 Eigelb
30 g Zucker
25 g Speisestärke
70 g Butter
50 g Nougat + 50 g zum Garnieren

8 Für die Creme die Milch in einem Topf zum Köcheln bringen. Eigelb, Zucker und Speisestärke in eine Rührschüssel geben und kräftig aufschlagen, bis die Masse hell und schaumig ist. Ein Drittel der köchelnden Milch zugießen und zügig mit einem Schneebesen unterrühren. Die Eier sollen dabei nicht stocken. Die Eiermischung in den Topf mit der restlichen Milch geben und mit dem Schneebesen rühren, bis die Masse dickflüssig wird.

9 Die Butter in Flöckchen schneiden und unterrühren. Den Nougat unterrühren. Die Creme in einen Spritzbeutel mit großer Sterntülle füllen und 20 Minuten in den Kühlschrank legen.

10 Etwa 50 g Nougat in einen Mini-Spritzbeutel geben und beiseite legen.

Zum Servieren den Brandteig quer in 2 Hälften schneiden. Die gekühlte Creme großzügig auf die untere Hälfte spritzen. Mit dem Mini-Spritzbeutel kleine Nougat-Tupfer auf die Creme spritzen. Den Teigdeckel aufsetzen, mit Puderzucker bestreuen und genießen.

FLAMBIERTE CRÊPES

CRÊPES SUZETTE MIT ORANGEN

LEVEL:

VORBEREITUNG: 30 Min

RUHEZEIT: 1 Std

GARZEIT:
10 Min + 1 ½ Min pro Crêpe

ZUTATEN
FÜR 4 PERSONEN

FÜR DIE CRÊPES
100 g Zucker
1 Päckchen Vanillezucker
6 Eier
500 g Mehl
500 ml Vollmilch
500 ml Wasser
20 g gesalzene Butter, zerlassen und abgekühlt
1 Prise Salz
Sonnenblumenöl zum Ausbacken

FÜR DIE SUZETTE-BUTTER UND DIE ORANGEN
90 g Zucker
6 Bio-Saftorangen
50 g Butter
1 TL Orangenlikör
1 TL Zitronensaft
40 g Mandelblättchen (nach Belieben)
150 ml Grand Marnier®

Wenn Experten ihr Handwerk längere Zeit nicht ausüben, kann es vorkommen, dass sie viel vergessen. Aber in einem scheinbar verlassenen Schloss gibt es einen Tisch, an dem nichts von der Tradition großer Häuser in Vergessenheit geraten ist. Dieses fürstliche Rezept beweist es!

1 Bei der Zubereitung des Teigs unbedingt die Reihenfolge der Zutaten einhalten, um Klümpchen zu vermeiden. Zucker, Vanillezucker und Eier in einem Rührbecher 1 ½–2 Minuten kräftig verrühren. Das Mehl in 2 Portionen zugeben und gründlich verrühren, dann die Milch in 3 Portionen zugeben und mit dem Schneebesen verrühren, bis eine cremige, homogene Masse entsteht. Das Wasser ebenso zugeben. Zuletzt Butter und Salz unterrühren. Den Teig mit Frischhaltefolie abdecken und mindestens 1 Stunde in den Kühlschrank stellen.

2 In der Zwischenzeit die Suzette-Butter und die Orangen zubereiten. Dafür den Zucker in eine Schüssel geben. Die Orangenschale abreiben und zufügen. Gut umrühren, damit der Zucker das Aroma annehmen kann. 2 Orangen vorsichtig schälen, in Würfel schneiden und beiseite stellen. Die restlichen 4 Orangen auspressen. Den Saft in einen Topf geben und den aromatisierten Zucker zugeben. Bei mittlerer Hitze 10 Minuten auf die Hälfte reduzieren.

3 Die Butter in Würfel schneiden und unter Rühren in den reduzierten Orangensaft geben. Bei mittlerer Hitze 5 Minuten köcheln lassen, um die Flüssigkeit nochmals zu reduzieren. Orangenlikör und Zitronensaft unterrühren. Die Suzette-Butter durch ein Sieb gießen und bis zum Servieren beiseite stellen.

4 Eine Crêpe-Pfanne auf mittlerer Stufe erhitzen und mit etwas Sonnenblumenöl einpinseln. Eine kleine Kelle Teig hineingeben. Die Pfanne schwenken, um den Teig auf dem Pfannenboden zu verteilen. Sobald sich die Ränder des Teigs lösen, die Crêpe wenden und von der anderen Seite 20 Sekunden braten. Fertige Crêpes auf einen Teller legen und abdecken. Den gesamten Teig auf diese Weise verarbeiten.

Anrichten: 3 Crêpes zu Dreiecken falten und in die Mitte eines Desserttellers legen. Etwas Suzette-Butter und einige Orangenwürfel daraufgeben. Den Grand Marnier in einem Topf auf hoher Stufe erhitzen. Mit einem langen Streichholz anzünden und die brennende Flüssigkeit über die Crêpes gießen. Sofort servieren.

MENU

COOKIES

WEICHE PLÄTZCHEN MIT SCHOKOLADE UND MACADAMIAS

LEVEL: ☀

VORBEREITUNG: 10 Min

RUHEZEIT: 1 Std

BACKZEIT: 10 Min

ZUTATEN
FÜR 4 PERSONEN

80 g Macadamia-Nusskerne
150 g Mehl
½ Päckchen Backpulver
½ TL Speisenatron
1 Prise Salz
120 g brauner Zucker
75 g gesalzene Butter
1 Ei
80 g Vollmilch-Schokotröpfchen

Wenn man jeden Tag Plätzchen backt, stehen die Chancen gut, dass sie perfekt gelingen. Dieses Rezept ist der beste Beweis.

1. Die Macadamias grob hacken.

2. Für den Teig Mehl, Backpulver, Natron und Salz in einer Rührschüssel mischen.

3. In einer anderen Schüssel Butter und Zucker gut verrühren, dann das Ei untermischen und alles zu den trockenen Zutaten geben.

4. Den Teig 1 Minute verrühren, dann 40 g Schokotröpfchen und 40 g Macadamias unterrühren. Den fertigen Teig abgedeckt 1 Stunde in den Kühlschrank stellen.

5. Den Backofen auf 180 °C Ober-/ Unterhitze vorheizen. Ein Backblech mit Backpapier auslegen. Aus dem Teig Kugeln mit ca. 4 cm Durchmesser formen und im Abstand von je 5 cm auf das Backblech legen. Mit den restlichen Schokotröpfchen und Macadamias bestreuen und 10 Minuten backen.

6. Die Plätzchen aus dem Ofen nehmen. Sie sollen goldbraune Ränder haben, aber innen noch weich sein. Kurz auf dem Blech abkühlen lassen.

VERWANDLUNGS-KÜCHLEIN

KLEINE KUCHEN MIT HEIDELBEEREN, MANDELN UND DISTELHONIG

LEVEL:

VORBEREITUNG: 20 Min

KOCH-/BACKZEIT: 40 Min

ZUTATEN
FÜR 6 PERSONEN

300 g Sandteig (siehe S. 110)
Puderzucker

FÜR DIE MANDEL-VANILLECREME
100 g zimmerwarme Butter
30 g Vanillezucker
70 g Zucker
3 Eier
100 g gemahlene Mandeln

FÜR DIE HEIDELBEER-HONIG-FÜLLUNG
200 g frische Heidelbeeren
70 g Zucker
2 EL Distelhonig
1 EL Zitronensaft

ZUBEHÖR
Spritzbeutel

Manchmal genügt ein kleiner Kuchen, um ein Schicksal zu beeinflussen und eine Person von Grund auf zu verwandeln! Wer weiß, was dieses Rezept mit dir machen wird?

1 Den Backofen auf 180 °C Ober-/ Unterhitze vorheizen. 240 g Teig ausrollen und eine kleine Backform damit auslegen. Den Teig mehrmals mit einer Gabel einstechen und mit einem Blatt Backpapier bedecken. Backerbsen (oder getrocknete Bohnen) darauf verteilen und den Teig 15 Minuten blind backen (siehe Schritt-für-Schritt-Anleitung auf Seite 82). Aus dem Ofen nehmen und abkühlen lassen.

2 Für die Mandelcreme die Butter in einer großen Schüssel mit einem Teigschaber cremig rühren. Zucker und Vanillezucker unterrühren, dann die Eier einzeln zugeben und untermischen. Alles zu einer glatten Creme verarbeiten, dann die gemahlenen Mandeln unterrühren. Die Creme in einen Spritzbeutel füllen und großzügig auf den Teig spritzen.

3 Für die Heidelbeerfüllung die Beeren mit Zucker, Honig und Zitronensaft in einem Topf bei mittlerer Hitze 20 Minuten köcheln lassen. Die Mischung in die Mitte der Mandelcreme geben.

4 Den restlichen Teig zu einer Scheibe ausrollen. Ein Loch in die Mitte schneiden, damit später der Dampf aus der Heidelbeerfüllung entweichen kann. Auf den gefüllten Teigboden legen und die Ränder gut zusammendrücken. 15 Minuten backen. Vor dem Servieren mit Puderzucker bestreuen. In große Stücke schneiden. Dazu schmeckt eine Tasse heißer Tee.

TIANAS FLAMBIERTE BANANEN

FLAMBIERTE BANANEN, PEKANNÜSSE, RUM UND VANILLEEIS

LEVEL:

VORBEREITUNG: 10 Min

GARZEIT: 10 Min

ZUTATEN

FÜR 4 PERSONEN

100 g gesalzene Butter
4 schöne, reife Bananen
100 g Rohrohrzucker
5 g gemahlener Zimt
20 Pekannusskerne
150 ml brauner Rum
4 zerbröselte Spekulatiuskekse
4 Kugeln Vanilleeis, selbst gemacht (siehe S. 130) oder gekauft

In New Orleans versteht man etwas von gutem Essen. Man denke nur an Zuckerkrapfen, Jambalaya, Gumbo und auch goldbraun gebackene Bananen. Hier kommt ein leckeres Rezept!

1 Die Butter in kleine Stücke schneiden und in einer großen Pfanne bei mittlerer Hitze zerlassen. Inzwischen die Bananen schälen und der Länge nach halbieren. Die Bananen in die geschmolzene Butter legen und mit dem braunen Zucker und dem Zimt bestreuen. 8 Minuten bei mittlerer Hitze braten, dabei regelmäßig wenden.

2 Gut aufpassen, dass Zucker und Saft nicht in der Pfanne anbrennen. Die Pekannüsse hinzufügen und weitere 2 Minuten braten, bis die Bananen weich und karamellisiert sind.

3 Bananen mit Rum übergießen und vorsichtig ein Streichholz anzünden und darüberhalten, um die Alkoholdämpfe in Brand zu setzen. Die Bananen werden sich aufblähen, der Alkohol wird verdampfen, aber die Aromen des Rums werden den Karamell und die Bananen verfeinern.

Servieren: Pro Person 1 Banane auf 1 Teller geben und mit etwas Karamell übergießen. Mit Pekannüssen und zerbröseltem Spekulatius bestreuen und mit einer Kugel Vanilleeis anrichten. Sofort genießen!

HOCHZEITSKUCHEN

TORTE MIT ROSENAROMA UND VANILLECREME

LEVEL:

VORBEREITUNG: 1 Std

BACKZEIT: 45 Min

ZUBEHÖR

Springformen mit 10, 14 und 20 cm Durchmesser
Handmixer
Spritzbeutel
Loch- und Motivtüllen
Backpinsel

Die Liebe zwischen Arielle und Eric ist wirklich berührend, und auch ihre Hochzeit ist ein großes Event. Wenn da nicht mitten auf der majestätischen Hochzeitstorte … Sebastian thronen würde!

1 Den Backofen auf 180 °C Ober-/Unterhitze vorheizen. Eine Rührschüssel in den Kühlschrank stellen. Die Springformen mit Butter einfetten. Den Genueser Biskuit zubereiten.

2 Die Butter in einem Topf bei geringer Hitze zerlassen und beiseite stellen. Die Eier trennen, Eigelb und Eiweiß in zwei separate Schüsseln geben. Das Eiweiß mit etwas Salz bestreuen und zu steifem Eischnee schlagen. Beiseite stellen.

3 Den Zucker in die Schüssel mit dem Eigelb geben und beides mit dem Schneebesen hell und schaumig schlagen. Den Vanilleextrakt unterrühren. Beiseite stellen.

4 Das Mehl sieben und unter die Eigelbmischung rühren. Langsam den Eischnee unterheben, bis eine cremige und homogene Masse entsteht. Zuletzt die geschmolzene Butter unterheben. Den Teig auf die Formen verteilen und alles 30 Minuten backen. Die Kuchen aus den Formen nehmen und abkühlen lassen.

5 Für den Rosensirup Zucker, Wasser und Rosenwasser in einem Topf aufkochen, bis der Zucker geschmolzen ist. Beiseite stellen.

ZUTATEN
FÜR 20 PERSONEN

FÜR DEN BISKUIT
50 g Butter
7 Eier
2 Prisen Salz
210 g Puderzucker
175 g Mehl
1 TL Vanilleextrakt

FÜR DIE CREME
2,5 l kalte Schlagsahne
500 g kalter Mascarpone
200 g Puderzucker
2 TL Vanilleextrakt
4 Tropfen grüne Lebensmittelfarbe

FÜR DEN ROSENSIRUP
500 ml Wasser
200 g Zucker
20 ml Rosenwasser

ZUM GARNIEREN
250 g Erdbeeren (Bio)
100 g Himbeeren (Bio)
100 g Heidelbeeren
Zuckerblümchen

6 Für die Creme die Schlagsahne und den Mascarpone in die gekühlte Schüssel geben. Puderzucker und Vanilleextrakt hinzufügen und alles mit dem Handmixer kräftig aufschlagen. 4 Tropfen grüne Lebensmittelfarbe zugeben und mit einem Teigschaber unterrühren. Jeden Kuchen quer halbieren (siehe Schritt-für-Schritt-Anleitung auf Seite 42). Jede Hälfte mit dem Rosensirup einpinseln. Die unteren Hälften mit einer guten Schicht Creme bestreichen, dann die oberen Hälften wieder aufsetzen. Die 3 Kuchen vorsichtig aufeinanderstapeln, den größten unten und den kleinsten oben. Die Torte mit der restlichen Creme bestreichen. Mit einer Konditor-Palette lässt sie sich am besten glätten.

7 Nun geht es an die Feinheiten: Die frischen Früchte auf den Etagen der Torte anordnen und mit den Zuckerblümchen garnieren. Dann können die Gäste kommen.

Aus aller Welt

EIN KUCHEN FÜR CLEO

ORANGENKUCHEN MIT SCHOKO-NOUGAT-CREME

LEVEL: 🍎🍎

VORBEREITUNG: 20 Min

BACKZEIT: 45 Min

RUHEZEIT: 45 Min

ZUBEHÖR

Handmixer
runde Backform, 18 cm Durchmesser

Dieses traditionelle Rezept für einen saftigen Kuchen mit Schokolade und Haselnüssen stammt aus Italien. Der Kuchen wird mit viel Liebe gebacken – und das spürt man, denn er macht glücklich. Probiere es!

1 Den Backofen 180 °C Ober-/Unterhitze vorheizen. Den Teig zubereiten. Die Butter in einem Topf bei mittlerer Hitze zerlassen, dann beiseite stellen. Die Eier trennen, Eigelb und Eiweiß getrennt in 2 große Schüsseln geben. Das Salz zum Eiweiß geben, dann das Eiweiß mit einem Schneebesen oder einem Handmixer steif schlagen. Beiseite stellen.

2 Den Zucker in die Schüssel mit dem Eigelb geben. Mit einem Schneebesen kräftig schlagen, bis die Mischung hell und schaumig ist. Unter ständigem Rühren Mehl, Backpulver, geschmolzene Butter, abgeriebene Orangenschale und Cointreau in dieser Reihenfolge unterrühren. Anschließend den Eischnee mit einem Teigschaber vorsichtig unterheben. Wichtig ist, dass der Teig dabei nicht zusammenfällt.

3 Die Form mit Butter einfetten und den Teig hineinfüllen. 35–40 Minuten im Ofen backen. Aus dem Ofen nehmen und in der Form abkühlen lassen, dann erst stürzen. Den Kuchen auf ein Küchengitter setzen und bei Zimmertemperatur beiseite stellen. Die Schokoladencreme und die Schokoladen-Haselnuss-Glasur vorbereiten.

4 Für die Schokoladencreme die Schokolade in Stücke brechen und in einen Rührbecher geben. Die flüssige Sahne in einem Topf zum Kochen bringen, über die Schokolade gießen und gut umrühren, bis die Mischung homogen und cremig ist. Den Puderzucker unterrühren. Beiseite stellen.

ZUTATEN
FÜR 6 PERSONEN

FÜR DEN TEIG

180 g Butter
4 Eier
2 Prisen Salz
150 g Zucker
200 g Mehl
2 Päckchen Backpulver
Abrieb von 1 Bio-Orange
20 ml Cointreau®

FÜR DIE SCHOKOLADEN-CREME (GANACHE)

150 g dunkle Schokolade
150 ml flüssige Sahne
1 EL Puderzucker

FÜR DIE SCHOKO-NUSS-GLASUR

200 g dunkle Schokolade
100 g Haselnusskerne
2 EL neutrales Pflanzenöl

5 Für Glasur die Haselnüsse in einer Pfanne ohne Fett 1 ½ Minuten rösten. Auf die Arbeitsfläche geben und zerkleinern. Die Schokolade in kleine Stücke brechen und in einer Schüssel über einem heißen Wasserbad schmelzen. Das dauert etwa 5 Minuten. Wenn die Schokolade dickflüssig ist, Pflanzenöl und Haselnüsse unterrühren.

6 Nun wird der Kuchen zusammengesetzt. Dazu den Kuchen quer halbieren. Die untere Hälfte mit der Schokoladencreme bestreichen (oder einen Spritzbeutel verwenden). Die obere Hälfte wieder aufsetzen. Ein Küchengitter auf eine Schale oder ein Backblech stellen und den Kuchen auf das Gitter setzen. Die Glasur über den Kuchen gießen und gleichmäßig auf der ganzen Oberfläche verteilen. Den Kuchen mindestens 45 Minuten in den Kühlschrank stellen.

Den Kuchen 15–20 Minuten vor dem Servieren aus dem Kühlschrank nehmen. In schöne Stücke schneiden und sofort genießen.

Tipp: Auf den Seiten 42, 44 und 46 findest du Schritt-für-Schritt-Anleitungen für die Herstellung der Ganache, der Glasur und das Schneiden des Kuchens.

SCHRITT FÜR SCHRITT

EINEN KUCHEN QUER HALBIEREN

1

2

3

Zutaten

1 runder Kuchen (siehe S. 38)

1

Den Kuchen vollständig erkalten lassen und auf ein Küchengitter legen. Den Kuchen mit einem langen, gezackten Messer auf der Hälfte seiner Höhe einschneiden.

2

Das Messer langsam und sägend geradeaus bewegen, um 2 gleich dicke Hälften zu erhalten.

3

Die obere Hälfte mithilfe des Messers abheben, damit sie nicht bricht.

4

Die obere Hälfte kopfüber auf eine Platte oder einen großen Teller legen. Jetzt kann die untere Hälfte mit Ganache, Creme oder Sahne bestrichen werden (siehe S. 44).

►

SCHRITT FÜR SCHRITT

SCHOKOLADEN-GANACHE

Zutaten

150 g Schokolade
150 ml flüssige Sahne
1 EL Puderzucker

1

Die Schokolade in Stücke brechen und in eine Schüssel geben. Die Sahne in einem Topf zum Kochen bringen, dann sofort über die Schokolade gießen.

2

Mit einem Teigschaber umrühren, bis eine gleichmäßige cremige Masse entsteht.

3

Den Puderzucker unterrühren.

4

Weiterrühren, bis eine glatte Creme entsteht.

Tipp: Die Ganache kann sofort verwendet werden, um einen halbierten Kuchen oder Kekse zu füllen oder um einen Kuchen zu überziehen. Zum Garnieren von Cupcakes die Ganache auf Zimmertemperatur abkühlen lassen und dann in einen Spritzbeutel füllen (siehe S. 92).
Hier verwenden wir die Ganache, um einen Kuchen zu füllen. So wird ein relativ einfacher Teig zu einem Gaumenschmaus!

5

Den Kuchen quer halbieren (siehe S. 42) und die untere Hälfte auf ein Küchengitter oder eine Tortenplatte legen. Einen großzügigen Löffel Ganache in die Mitte geben.

6

Die Creme mit der Rückseite eines Löffels gleichmäßig verteilen. Falls die Schicht zu dünn ist, einfach mehr Creme auf den Kuchen geben.

7

Die untere Kuchenhälfte soll vollständig mit einer nicht zu dünnen Schicht Ganache bedeckt sein.

8

Die obere Hälfte des Kuchens wieder aufsetzen.

9

Den Kuchen vor dem Anschneiden eine Weile bei Zimmertemperatur ruhen lassen. Noch besser schmeckt der Kuchen, wenn er mit einer feinen Glasur überzogen wird (siehe S. 46).

SCHRITT FÜR SCHRITT

SCHOKO-NUSS-GLASUR

2

3

4

5

Zutaten

100 g Haselnusskerne
200 g dunkle Schokolade
2 EL neutrales Pflanzenöl

1

Die Haselnüsse in einer Pfanne ohne Fett etwa 1 ½ Minuten rösten, dann auf die Arbeitsfläche geben und zerkleinern. Die Schokolade in Stücke brechen und in eine Schüssel geben.

2

Die Schokolade über einem heißen Wasserbad schmelzen, dabei gelegentlich umrühren.

3

Die flüssige Schokolade soll glatt und homogen sein.

4

Pflanzenöl und Haselnüsse unter die geschmolzene Schokolade rühren.

5

Ein Küchengitter auf ein Backblech oder eine Schale stellen. Den Kuchen daraufsetzen. Die Glasur auf den Kuchen gießen und mit einem Teigschaber gleichmäßig verteilen, sodass der Kuchen vollständig bedeckt ist. Den Kuchen mindestens 45 Minuten in den Kühlschrank stellen, bis die Glasur fest ist. ▶

Anmerkungen
Die Haselnüsse können durch Pekannüsse, Walnüsse oder gehackte Mandeln ersetzt werden. Es ist auch möglich, ganz auf Nüsse zu verzichten und eine reine Schokoladenglasur herzustellen. Anstelle der dunklen Schokolade kann auch weiße oder Vollmilchschokolade verwendet werden.

EIN KRAPFEN FÜR SUSI

KRAPFEN MIT ERDBEERKONFITÜRE

LEVEL:

VORBEREITUNG: 15 Min

GEHZEIT: 1 Std

GARZEIT: 10 Min

Am Morgen gibt es nichts Besseres als ein reichhaltiges Frühstück: Obst, Tee oder heiße Schokolade und gern auch einen saftigen Krapfen.

1 Hefe in ein kleines Schälchen oder Glas geben. Die leere Hefeverpackung mit lauwarmem Wasser füllen und über die Hefe gießen. Gut umrühren und 5 Minuten beiseite stellen.

2 Mehl, Zucker und Salz in die Schüssel der Küchenmaschine mit Knethaken geben und gut miteinander verrühren. In die Mitte der Mischung eine Mulde drücken.

3 Das Ei in einer kleinen Schüssel verquirlen und zusammen mit dem Hefeansatz und der Milch in die Mulde im Mehl gießen. Den Teig 5 Minuten bei mittlerer Geschwindigkeit kneten, bis er sich leicht von der Schüsselwand löst. Die Butter hinzufügen und weitere 5 Minuten kneten.

4 Teig mit einem Spatel aus der Schüssel nehmen und auf der Arbeitsfläche zu einer Kugel formen. Wieder in die Schüssel legen, mit Frischhaltefolie abdecken und 1 Stunde beiseite stellen. Die Teigruhe dient dazu, dass die Hefe aktiv wird und der Teig sein Volumen vergrößert.

5 Den Teig nach der Ruhezeit auf eine bemehlte Arbeitsfläche legen und mit der Faust zusammendrücken, damit Gase entweichen. Dann den Teig zu einer dicken Rolle formen und in 4 Stücke schneiden. Jedes Stück zu einer kleinen Kugel formen und mit einem Nudelholz etwa 2–2 ½ cm dick ausrollen. Mit dem Ausstecher ein Loch in die Mitte jeder Teigportion stechen.

ZUTATEN
FÜR 4 KRAPFEN

10 g Trockenhefe
180 g Mehl
20 g Zucker
1 Prise Salz
1 Ei
80 ml zimmerwarme Milch
40 g kalte Butter in Flöckchen
4 EL Erdbeerkonfitüre
(oder Konfitüre nach Wahl)
400 ml Öl zum Frittieren

ZUBEHÖR
Küchenmaschine mit Knethaken
runder Ausstecher,
3 cm Durchmesser
Küchenthermometer
Spritzbeutel mit langer Tülle

6 Das Frittieröl in einem Topf mit hohem Rand oder in einer Fritteuse auf 170 °C erhitzen (ein Küchenthermometer verwenden). Die Krapfen ins Öl legen und von jeder Seite 4 Minuten garen. Herausnehmen, wenn sie eine schöne Farbe angenommen haben, und sofort auf Küchenpapier legen. Die Oberfläche der Krapfen mit Küchenpapier abtupfen, um überschüssiges Fett aufzusaugen.

7 Nun werden die Krapfen gefüllt: Die Konfitüre in einen Spritzbeutel mit langer Tülle füllen. Mehrmals mit der Tülle in jeden Krapfen stechen und etwas Konfitüre hineinspritzen. Vorsicht, nicht zu fest drücken, sonst können die Krapfen platzen!

Servieren: Die Krapfen mit Zucker bestreuen und noch lauwarm genießen.

The Morning Post
THE WEATHER
STROPHE SEE
OOMS!!
Commission
Report
MARTI
Report
OVER

EIN LASSI FÜR KING LOUIE

JOGHURT-DRINK MIT MANGO UND GEWÜRZEN

LEVEL:

VORBEREITUNG: 5 Min

RUHEZEIT: 30 Min

ZUBEREITUNG: 10 Min

ZUTATEN
FÜR 4 PERSONEN

400 ml Milch oder Mandeldrink
1 kleine Zimtstange
1 Sternanis
4 Kardamomkapseln
2 reife Mangos
600 ml Naturjoghurt
1 EL flüssiger Honig

ZUBEHÖR
Standmixer

Der Dschungel ist voller Schätze, atemberaubender Kulissen und saftiger, köstlicher exotischer Früchte. Das ist der Stoff, aus dem dieser belebende Drink gemacht ist. Vielleicht bringt er dich sogar zum Tanzen?

1 Die Milch mit Zimt, Sternanis und Kardamom in einen Topf geben und zum Kochen bringen. Vom Herd nehmen und 30 Minuten bei Zimmertemperatur ziehen lassen.

2 Die abgekühlte Milch durch ein feines Sieb gießen und beiseite stellen.

3 Die Mangos schälen und entkernen. In den Mixer geben. Joghurt, Gewürzmilch und Honig hinzufügen und alles 1 ½ Minuten kräftig mixen, bis die Mischung homogen ist. Dann ist der Mango-Lassi fertig.

Servieren: Den Lassi sofort genießen. Noch frischer schmeckt er mit Eiswürfeln und einigen Minzeblättern.

EDGARS CRÈME DE LA CRÈME

CRÈME MIT VANILLEPLÄTZCHEN

LEVEL:

VORBEREITUNG: 20 Min

RUHEZEIT: 45 Min

BACKZEIT: 20 Min

Dies ist ein Rezept für eine weiche, süße und aromatische Creme mit einem herrlichen Vanillegeschmack!

1 Für den Plätzchenteig die Butter in einer Schüssel mit einem Teigschaber cremig rühren, dann den Zucker unterrühren. Wenn die Mischung homogen ist, das Ei mit einem Schneebesen einrühren. Das Mehl zufügen und alles miteinander verkneten, bis der Teig zusammenhält.

2 Den Teig zu einem dicken Strang formen und in Frischhaltefolie wickeln. 45 Minuten in den Kühlschrank legen.

3 Inzwischen die Creme zubereiten. Die Milch in einen Topf geben. Die Vanilleschote der Länge nach aufschlitzen und das Mark mit einer Messerspitze herausschaben. Vanillemark und -schote in die Milch geben. Zum Kochen bringen.

4 Währenddessen Eigelb, Zucker und Speisestärke in eine Schüssel geben und kräftig aufschlagen, bis die Mischung hell und schaumig ist. Beiseite stellen.

5 Die Vanilleschote aus der Milch nehmen. Die kochende Milch über die Zucker-Eigelb-Mischung gießen, dabei ständig mit dem Schneebesen rühren, bis die Mischung glatt ist. Wieder in den Topf gießen und unter ständigem Rühren zum Köcheln bringen.

ZUTATEN

FÜR 4 PERSONEN

FÜR DIE PLÄTZCHEN

70 g zimmerwarme gesalzene Butter
40 g Vanillezucker
1 Ei
130 g Mehl

FÜR DIE VANILLECREME

500 ml Milch
1 Vanilleschote
2 Eigelb
50 g brauner oder weißer Zucker
1 TL Speisestärke

6 Weitere 2 Minuten unter Rühren köcheln lassen, dann die Creme in 4 Portionsschälchen gießen. Frischhaltefolie direkt auf die Oberfläche legen und die Creme beiseite stellen.

7 Den Backofen auf 180 °C Ober-/Unterhitze vorheizen. Ein Backblech mit Backpapier auslegen. Den gekühlten Teig aus der Folie nehmen und in dünne Scheiben schneiden. Die Scheiben auf das Backblech legen und 10 Minuten backen.

8 Die Plätzchen aus dem Ofen nehmen und auf ein Küchengitter legen.

Servieren: Reiche zu jeder Portion Vanillecreme einige Plätzchen. Das Dessert kann lauwarm, warm oder kalt serviert werden.

Tipp: Die Vanilleschote nicht wegwerfen, sondern mit Küchenpapier abtupfen und 2 Stunden bei 90 °C im Backofen trocknen. Dann im Mixer fein zerkleinern und mit Zucker mischen – schon hast du selbst gemachten Vanillezucker.

WINKEKATZEN-MUFFINS

LOCKERE MUFFINS MIT MATCHA

LEVEL:

VORBEREITUNG: 20 Min

BACKZEIT: 20 Min

ZUTATEN

FÜR 10 MUFFINS

1 Schälchen Brombeeren
150 ml Milch
90 g Butter
1 TL Matcha-Pulver zum Backen
1 Ei
150 g Zucker
150 g Mehl
1 Päckchen Backpulver
1 Prise Salz

ZUBEHÖR

Muffinblech oder Papierförmchen

Tante Cass macht zwar höllisch scharfe Chicken Wings, aber ihre Muffins sind so herrlich zart und saftig, dass sie über die größten Katastrophen des Lebens hinwegtrösten können.

1 Für diese köstlichen Muffins werden die Brombeeren grob gehackt. Nicht pürieren! Sie sollen noch etwas stückig sein.

2 Milch, Butter und Matcha-Pulver in einem Topf erhitzen, bis die Butter vollständig geschmolzen ist. Den Topf vom Herd nehmen.

3 Das Ei in einen Rührbecher schlagen und den Zucker hinzufügen. Mit einem Schneebesen kräftig aufschlagen, bis die Masse schaumig ist.

4 Mehl, Backpulver und Salz mischen und zur Ei-Zucker-Mischung geben. Dann die Milch-Butter-Matcha-Mischung hinzufügen und alles zu einem schönen glatten Teig verrühren. Die zerkleinerten Brombeeren zugeben und unterrühren.

5 Den Backofen auf 180 °C Ober-/Unterhitze vorheizen. Den Teig in 10 gebutterte Muffinförmchen oder Papierförmchen füllen und 20 Minuten backen. Aus dem Ofen nehmen und abkühlen lassen oder lauwarm genießen.

PAN DE MUERTO

HEFEGEBÄCK MIT ORANGENBLÜTENWASSER

Dies ist ein Rezept für ein traditionelles Gebäck, das in Mexiko üblicherweise zu besonderen und festlichen Anlässen zubereitet und gegessen wird.

LEVEL:

VORBEREITUNG: 25 Min

RUHEZEIT: 1 ½ Std

BACKZEIT: 40 Min

ZUTATEN

FÜR 4 STÜCK

10 ml Vollmilch
15 g Trockenhefe
3 Eier + 2 Eigelb
200 g kalte Butter
1 Bio-Orange
300 g Mehl, Type 405
5 g Salz
30 g Zucker
2 EL Honig
50 ml Orangenblütenwasser

ZUM BESTREICHEN UND GARNIEREN

2 Eigelb
Puderzucker

ZUBEHÖR

Küchenmaschine mit Knethaken
Backpinsel

1 Die zimmerwarme Milch in eine Schüssel geben und die Hefe hinzufügen. Gut verrühren und 5 Minuten beiseite stellen.

2 Eier und Eigelb in einer Schüssel verquirlen. Die Butter in kleine Würfel schneiden. Die Orange schälen und filetieren, dann das Fruchtfleisch in kleine Stücke schneiden.

3 Die Mehlmischung in die Schüssel der Küchenmaschine geben. Salz, Zucker, Honig, Orangenblütenwasser, verquirlte Eier sowie den Hefeansatz und die Orangenstücke hinzufügen. Bei mittlerer Geschwindigkeit 2 Minuten kneten, dann 5 Minuten auf höherer Stufe kneten, bis der Teig geschmeidig ist und nicht mehr an der Schüsselwand klebt.

4 Bei laufendem Motor die Butter zugeben. Nach weiteren 2 Minuten sollte die Teigkugel glatt und die Butter gut eingearbeitet sein. Den Teig mit einem feuchten Tuch abdecken und 1 Stunde ruhen lassen.

5 Nach der Teigruhe etwas Mehl auf die Arbeitsfläche streuen, den Teig darauflegen und mit der Faust zusammendrücken, damit Gase entweichen. Den Teig kurz durchkneten, zu einer Kugel formen und in 5 gleich große Stücke teilen.

6 4 Teigstücke mit den Händen zu Kugeln rollen. Das fünfte Teigstück in 8 kleine Stücke schneiden und diese zu Strängen rollen. Jeweils 2 Stränge kreuzweise auf die Oberfläche der Teigkugeln legen. Ein Backblech mit Backpapier auslegen und die Teigkugeln daraufsetzen. Mit einem feuchten Tuch bedecken und 30 Minuten ruhen lassen.

7 Den Backofen auf 180 °C Ober-/Unterhitze vorheizen. Das Eigelb in einer Schüssel verquirlen und mit einem Pinsel auf die Teigkugeln streichen. 40 Minuten backen.

Servieren: Die noch warmen Hefeteilchen mit Zucker oder Puderzucker bestreuen. Vor dem Verzehr etwas abkühlen lassen.

PENNYS PLÄTZCHEN

INGWERPLÄTZCHEN

LEVEL:

VORBEREITUNG: 10 Min

RUHEZEIT: 1 Std

BACKZEIT: 15 Min

ZUTATEN

FÜR 4 PERSONEN

100 g brauner Zucker
2 EL Honig
100 g zimmerwarme Butter
1 Ei
240 g Mehl
1 Päckchen Backpulver
1 TL gemahlener Ingwer
1 Prise Salz
30 g kandierter Ingwer

Eine alte Katze hat erzählt, dass die kleine Penny immer lieb und nett war, auch wenn sie sich einsam und verlassen fühlte, weil die Erwachsenen sie nicht adoptieren wollten. Ob traurig oder nicht, sie hatte immer ein paar Ingwerkekse dabei, die sie beim Essen unter den Tisch fallen ließ.

1 Den Backofen auf 180 °C Ober-/Unterhitze vorheizen. Zucker und Honig in eine Schüssel geben. Die Butter hinzufügen und alles mit einem Teigschaber zu einer homogenen Masse verrühren. Das Ei mit einem Schneebesen unterrühren.

2 Mehl, Backpulver, gemahlenen Ingwer und Salz in einer Schüssel mischen. Den kandierten Ingwer hacken und untermischen. Die trockenen Zutaten zur Ei-Butter-Zucker-Mischung geben und alles mit den Händen verkneten. Zu einer Kugel formen, in Frischhaltefolie wickeln und 1 Stunde in den Kühlschrank stellen.

3 Die Arbeitsfläche mit Mehl bestreuen und den Teig darauf 5 mm dick ausrollen. Mit einem runden Ausstecher oder einer Kaffeetasse Plätzchen ausstechen und auf das mit Backpapier ausgelegte Backblech legen.

4 Die Plätzchen 12–15 Minuten backen, dann zum Abkühlen auf ein Küchengitter legen.

Tipp: Die Plätzchen können sofort genossen werden. In einer luftdicht schließenden Dose halten sie sich mehrere Tage.

PENNY'S

FRÜHSTÜCKS-PFANNKUCHEN

AMERIKANISCHE PANCAKES

LEVEL:

VORBEREITUNG: 15 Min

KOCH-/BACKZEIT:
5 Min + 1 ½ Min pro Pfannkuchen

ZUTATEN
FÜR 4 PERSONEN

350 ml Milch
75 g Butter
3 Eier
150 g Zucker
1 Päckchen Vanillezucker
300 g Mehl
2 Päckchen Backpulver
1 Prise Salz
Honig oder Ahornsirup
Butter oder Pflanzenöl

Gibt es einen besseren Start in den Tag als eine Portion selbst gemachte Pfannkuchen? Dieses Rezept wird auch Frühstücksmuffel überzeugen.

1 Die Milch mit der Butter in einen Topf geben und bei mittlerer Hitze erwärmen, bis die Butter vollständig geschmolzen ist. Beiseite stellen.

2 Die Eier in eine Schüssel schlagen. Zucker und Vanillezucker zufügen. Die Masse kräftig aufschlagen, bis sie hell und schaumig ist.

3 Mehl, Backpulver und Salz in eine andere Schüssel geben und mischen. Die Ei-Zucker-Mischung hinzufügen und kurz verrühren. Unter ständigem Rühren langsam die lauwarme Milch zugießen. So wird verhindert, dass sich Klümpchen bilden, und es entsteht ein schöner glatter Teig.

4 Einen Klecks Butter oder etwas Pflanzenöl in einer kleinen Pfanne auf mittlerer Stufe erhitzen. Wenn das Fett heiß ist, eine Kelle Teig hineingeben und gleichmäßig in der Pfanne verteilen. Den Pfannkuchen ausbacken, bis sich an der Oberfläche kleine Bläschen bilden, dann wenden. Den restlichen Teig ebenso verarbeiten.

5 Pro Person 3 Pfannkuchen auf einen Teller stapeln, mit Honig oder Ahornsirup beträufeln und servieren.

ABENTEUER-EIS

EISCREME VANILLE-MANDEL UND SCHOKO-HASELNUSS

LEVEL:

VORBEREITUNG: 10 Min

KÜHLZEIT: 12 Std

ZUTATEN
FÜR 4 PERSONEN

FÜR DIE VANILLE-MANDEL-EISCREME

2 Bananen
80 g Mandelmus
1 EL Kokosöl
1 TL Honig
30 ml Vanilleextrakt (Bio)

FÜR DIE SCHOKO-HASELNUSS-EISCREME

2 Bananen
1 TL Kakaopulver
3 EL Nuss-Nougat-Creme (Bio), z. B. Nocciolata®
1 TL Kokosöl
4 Waffeltüten

ZUBEHÖR
Standmixer

Es gibt nichts Schöneres, als mit einem Freund ein Eis zu schlecken, nachdem man gemeinsam ein großes Abenteuer erlebt hat. Schnapp dir ein Eis und spiele »Rot oder Blau«.

1 Die Bananen am Vortag schälen und in Würfel schneiden. In eine Gefrierbox legen und über Nacht in den Gefrierschrank stellen.

2 Am nächsten Tag die Eiscreme vorbereiten.

3 Für das Mandel-Vanille-Eis die erste Hälfte der gefrorenen Bananenstücke mit Mandelmus, Kokosöl, Honig und Vanilleextrakt in den Mixer geben und alles auf hoher Stufe 2–3 Minuten pürieren. Die Mischung mit einen Teigschaber aus dem Mixbecher schaben und in eine Schüssel geben.

4 Für das Haselnuss-Schokoladen-Eis die zweite Hälfte der gefrorenen Bananenstücke mit Kakaopulver, Nuss-Nougat-Creme und Kokosöl in den Mixer geben und alles auf hoher Stufe 2–3 Minuten pürieren. Die Mischung mit einem Teigschaber aus dem Mixbecher schaben und in eine Schüssel geben.

5 Mit einem Esslöffel oder Eisportionierer 4 schöne Kugeln formen und in die Waffeltüten setzen.

Sofort genießen.

PORTOROSSO-CANNOLI

CANNOLI MIT RICOTTA UND PISTAZIEN

LEVEL:

VORBEREITUNG: 20 Min

BACKZEIT: 7–8 Min

ZUTATEN
FÜR 6 PERSONEN

FÜR DIE CANNOLI
60 g Butter
2 Eiweiß
1 Prise Salz
100 g Puderzucker
60 g Mehl
1 Vanilleschote

FÜR DIE RICOTTA-CREME
300 g Ricotta
40 g Puderzucker
30 g kandierte Kirschen

ZUM SERVIEREN
80 g Pistazienkerne, gehackt

ZUBEHÖR
Handmixer
Spritzbeutel
6 Backröhrchen aus Edelstahl

Cannoli gehören zu den leckersten italienischen Gebäckteilchen, und sie beweisen, dass man in Italien gern süße, üppige Leckereien isst. Hier kommt ein Rezept, das der Tradition verbunden ist.

1 Für den Teig Butter in einem Topf bei schwacher Hitze schmelzen und mit einem kleinen Schaumlöffel den Schaum abschöpfen, bis eine goldbraune, helle Flüssigkeit übrig bleibt. Vom Herd nehmen und beiseite stellen.

2 Das Eiweiß in eine Schüssel geben und das Salz hinzufügen. Mit einem Schneebesen oder einem Handmixer zu steifem Eischnee schlagen, dabei allmählich den Puderzucker einrieseln lassen. Wenn der Eischnee fest ist, nach und nach das Mehl unterrühren. Dann unter ständigem Rühren die flüssige Butter an der Schüsselwand zugießen. Die Vanilleschone aufschlitzen, das Mark mit einer Messerspitze herausschaben und unter den Teig mischen. Beiseite stellen.

3 Ein Blatt Backpapier auf ein Backblech legen. Den Backofen auf 180 °C Ober-/Unterhitze vorheizen. Mit einem Esslöffel kleine Teighäufchen auf das Backblech legen und zu Kreisen von 8–10 cm Durchmesser flach drücken. 7–8 Minuten backen.

4 Das Blech aus dem Ofen nehmen. Die gegarten, aber noch weichen Teigkreise sofort um die Backröhrchen wickeln, einen kleinen Moment festhalten, dann die Röhrchen herausziehen. Die Cannoli mit einem Tuch abdecken und beiseite stellen.

5 Für die Füllung den Ricotta in einer Schüssel mit dem Puderzucker verrühren, bis eine glatte Creme entsteht. Die kandierten Kirschen grob hacken und unter die Creme heben.

6 Die Creme in einen Spritzbeutel füllen und in die Cannoli spritzen.

7 Die Enden, an denen die Creme aus den Cannoli schaut, mit gehackten Pistazien bestreuen. Buon appetito!

MAMA MADRIGALS BUÑUELOS

SÜSSE KRAPFEN MIT KÄSE

Buñuelos sind würzige Käsekrapfen, die in Kolumbien traditionell zu Weihnachten gebacken werden. Sie zergehen auf der Zunge und sind köstlich, aber die von Julieta Madrigal haben eine ganz besondere Qualität: Sie schmecken nach Glück und können jedem ein Lächeln ins Gesicht zaubern!

LEVEL:

VORBEREITUNG: 20 Min

AUSBACKZEIT: 10 Min

ZUTATEN

FÜR 4 PERSONEN

200 g Feta
1 Ei + 1 Eigelb
20 g Butter
150 g Maniok-Stärke
50 g Speisestärke
50 g Zucker
5 g Salz
½ Päckchen Backpulver
50 ml Milch
2 l Pflanzenöl zum Frittieren

ZUM SERVIEREN

geschmolzene Schokolade
Honig

1 Den Feta abtropfen lassen und zerbröseln. Ei und Eigelb in einer Schüssel verquirlen. Die Butter in kleine Stücke schneiden.

2 Feta, Maniokstärke, Speisestärke, Zucker, Salz und Backpulver in eine Schüssel geben. Butter, Milch und verquirlte Eier hinzufügen. Die Zutaten mit den Händen 5 Minuten kneten, bis ein glatter, homogener Teig entsteht.

3 Mit den Fingerspitzen eine golfballgroße Menge Teig abteilen und in den Handflächen zu einer runden Kugel formen. Den gesamten Teil ebenso verarbeiten.

4 Das Öl in einem Topf oder einer Fritteuse auf 170 °C erhitzen. Mehrere Lagen Küchenpapier bereitlegen.

5 Sobald das Öl heiß ist, die Teigbällchen hineinlegen und 1 ½ Minuten frittieren, bis sie an die Oberfläche des Öls steigen und goldbraun sind.

6 Die Buñuelos mit einem Frittiersieb oder einem Schaumlöffel aus dem Öl nehmen und sofort zum Abtropfen auf das Küchenpapier legen. Heiß servieren.

Traditionell isst man dazu geschmolzene Schokolade oder Honig!

SÜSSE BAO

TEIGTASCHEN MIT ROTER BOHNENPASTE

LEVEL:

VORBEREITUNG: 10 Min

RUHEZEIT: 15 Min

GARZEIT: 10 Min

ZUTATEN

FÜR 4 PERSONEN

250 g Bánh Bao (asiatisches Mehl für Teigtaschen)
500 ml lauwarmes Wasser
200 g Anko-Paste, selbst gemacht (siehe S. 127) oder gekauft

ZUBEHÖR

Dämpfkorb

Wer gute Bao formen und zubereiten will, muss mit viel Liebe ans Werk gehen – mit fast so viel Liebe, wie nötig ist, um ein Kind groß zu ziehen. Warum versuchst du nicht, selbst einmal süße, weiche Bao herzustellen?

1 Das Mehl in eine Schüssel geben und eine Mulde in die Mitte drücken. Das Wasser in die Vertiefung gießen und den Teig zuerst mit den Fingerspitzen kneten, dabei das Mehl über das Wasser ziehen. Danach 3 Minuten mit der ganzen Hand kneten. Zuletzt den Teig auf einer bemehlten Arbeitsfläche weitere 10 Minuten kneten, bis er glatt ist.

2 15 Minuten abgedeckt beiseite stellen.

3 Die Arbeitsfläche erneut mit Mehl bestreuen und die Teigkugel darauflegen. Zu einem dicken Strang formen, dann in 10 gleichmäßige Stücke schneiden. Jedes Stück zu einer Scheibe von etwa 10 cm Durchmesser ausrollen.

4 Eine Teigscheibe in die Hand nehmen und 1 TL Anko-Paste in die Mitte geben. Den Teig über der Füllung zusammennehmen und falten (siehe Schritt-für-Schritt-Anleitung auf Seite 74). Diesen Vorgang mit allen Teigscheiben wiederholen. Der größte Teil der Arbeit ist getan.

5 Einen Dämpfkorb mit Backpapier auslegen. Die Bao hineinsetzen und den Korb auf einen Topf mit kochendem Wasser setzen. Etwa 10 Minuten bei mittlerer Hitze garen, der Dampf sollte nicht zu stark sein. Die gegarten Bao aus dem Dämpfkorb nehmen und sofort servieren.

SCHRITT FÜR SCHRITT

BAO FORMEN

Zutaten

250 g Báhn Bao (Mehl für asiatische Teigtaschen)
500 ml lauwarmes Wasser
200 g selbst gemachte Anko-Paste (siehe S. 127)

1

Das Mehl in eine Schüssel geben und eine Mulde in die Mitte drücken. Das Wasser in die Vertiefung gießen.

2

Die Zutaten mit den Fingerspitzen vermengen, dabei das Mehl über das Wasser ziehen. Danach 3 Minuten mit der ganzen Hand kneten.

3

Den Teig auf einer bemehlten Arbeitsfläche weitere 10 Minuten kneten, bis er glatt ist. 15 Minuten abgedeckt beiseite stellen.

4

Die Arbeitsfläche erneut mit Mehl bestreuen und die Teigkugel darauflegen. Zu einem dicken Strang formen.

5

Den Strang in gleichmäßige Stücke schneiden.

6

Jedes Stück zu einer Scheibe von etwa 10 cm Durchmesser ausrollen. (Du kannst einen Ausstecher mit 10 cm Durchmesser verwenden, damit die Bao perfekt werden.)

7

Eine Teigscheibe in die Hand nehmen und 1 TL Anko-Paste in die Mitte geben.

8–9

Den Teig über der Füllung zusammennehmen und oben gut zusammendrücken.

10

Diesen Vorgang mit allen Teigscheiben wiederholen. Der größte Teil der Arbeit ist getan. Einen Dämpfkorb mit Backpapier auslegen. Die Bao hineinsetzen.

7

8

9

10

SCHWARZWALD IM SCHNEE

SCHWARZWÄLDER KIRSCHTORTE ETWAS ANDERS

LEVEL:

VORBEREITUNG: 20 Min

BACKZEIT: 30 Min

ZUTATEN
FÜR 6 PERSONEN

FÜR DEN GENUESER SCHOKOLADENBISKUIT

25 g Butter
4 Eier
120 g Zucker
100 g Mehl
25 g Kakaopulver
Salz

FÜR DIE SAHNEFÜLLUNG

750 ml kalte Konditorsahne (min. 30 % Fett)
80 g Puderzucker

ZUM ZUSAMMENSETZEN

100 ml süßer Sirup
20 kandierte Kirschen

ZUBEHÖR

runde Backform
Handmixer

Niemand hat je so ein Tier gesehen. Es scheint aus einer anderen Welt zu kommen und ist ausgesprochen gefräßig. Aber von dieser üppigen Schwarzwälder Kirschtorte wird es garantiert satt.

1 Den Backofen auf 180 °C Ober-/Unterhitze vorheizen. Die Backform mit Butter einfetten. Die Butter in einem Topf bei schwacher Hitze zerlassen, dann vom Herd nehmen. Die Eier aufschlagen und trennen.

2 Das Eiweiß in einer großen Schüssel mit einer Prise Salz verquirlen, dann zu steifem Eischnee schlagen. Das Eigelb in einer anderen Schüssel mit dem Zucker zu einer hellen, cremigen Masse schlagen. Beiseite stellen. Mehl und Kakaopulver in einer weiteren Schüssel sorgfältig mischen. Die Mehlmischung zu Eigelb und Zucker geben und unterrühren. Den Eischnee langsam und vorsichtig mit einem Teigschaber unterheben. Zuletzt die geschmolzene und abgekühlte Butter unterrühren.

3 Den Teig in die Form füllen und 30 Minuten backen. Aus der Form stürzen und auf ein Küchengitter legen, damit er auf Zimmertemperatur abkühlen kann, ohne hart zu werden.

4 Die Sahne in eine Schüssel geben und halb steif schlagen. Den Puderzucker zugeben und weiter schlagen, bis die Sahne steif ist. In den Kühlschrank stellen.

5 Nun wird die Schwarzwälder Kirschtorte zusammengesetzt. Den Biskuit mit einem langen Sägemesser quer halbieren (siehe Schritt-für-Schritt-Anleitung auf Seite 42). Den unteren Teigboden auf eine Servierplatte legen und mit dem warmen Sirup einpinseln. Den Boden großzügig mit kandierten Kirschen belegen und mit einer dicken Schicht Schlagsahne bedecken. Den zweiten Boden daraufsetzen. Ebenfalls mit Sirup einpinseln, mit der restlichen Schlagsahne bestreichen und mit den restlichen Kirschen garnieren.

Nun nur noch die Torte in schöne Stücke teilen und genießen!

EXPLOSIVES SANDWICH

SANDWICH MIT ERDNUSSBUTTER UND KONFITÜRE

LEVEL: ⚙⚙

VORBEREITUNG: 10 Min

BACKZEIT: 4 Min

ZUTATEN
FÜR 4 PERSONEN

8 schöne Scheiben Toastbrot oder Weißbrot
80 g gesalzene Butter
4 EL Konfitüre (Heidelbeeren oder Erdbeeren)

FÜR DIE ERDNUSSBUTTER
120 g Erdnusskerne (Bio)
1 EL neutrales Pflanzenöl
1 EL Honig

ZUBEHÖR
Standmixer

Mit Fantasie und etwas Wissenschaft kann man diese Welt ein wenig besser machen, auch ganz ohne komplizierte Erfindungen. Versuche doch einfach, das weltbeste Erdnussbutter-Sandwich zuzubereiten. Hier kommt ein Rezept, mit dem du die Grundlagen lernen kannst.

1 Für die Erdnussbutter eine Pfanne ohne Fett auf mittlerer Stufe erhitzen. 100 g Erdnusskerne hineingeben und 1–2 Minuten rösten. Die Erdnüsse in einen Mixer geben und in Intervallen mixen, um sie zu zerkleinern: zuerst 30 Sekunden, dann langsam auf 2–4 Minuten steigern. Allmählich verwandeln sich die gehackten Erdnüsse zuerst in eine grobe und dann in eine glatte, cremige Paste. Die restlichen Erdnüsse (20 g) hacken und mit dem Öl und Honig zugeben. Mit einem Kochlöffel unterrühren. Die Erdnussbutter kann in einem geschlossenen Glas mehrere Tage im Kühlschrank aufbewahrt werden.

2 Den Backofengrill auf 200 °C vorheizen. Ein Backblech mit Backpapier belegen. Die Brotscheiben mit Butter bestreichen und auf das Blech legen. 3–4 Minuten backen, dabei nach der Hälfte der Zeit wenden. Das Brot soll goldbraun sein.

3 Das Brot aus dem Ofen nehmen und großzügig mit Konfitüre und Erdnussbutter bestreichen. Sofort servieren. Denke daran, deinen Mitbewohner*innen etwas abzugeben.

UNVERGESSLICHER KUCHEN

PEKANNUSS-KUCHEN

LEVEL:

VORBEREITUNG: 10 Min

BACKZEIT: 50 Min

ZUTATEN

FÜR 4 PERSONEN

240 g Sandteig (siehe S. 110)
200 g Pekannusskerne
60 g Butter
80 g brauner Zucker
4 Eier
150 ml Ahornsirup
20 ml Bourbon-Vanilleextrakt (Bio)

ZUBEHÖR

Tarteform

Ein Schlüssel zum Erfolg ist, mit sich selbst im Reinen zu sein, sich an wichtige Momente zu erinnern – an Momente im Leben, die einen aufbauen und bewegen. Manchmal genügt schon ein einfaches Stück Pekannuss-Kuchen, um solch einen Moment zu erleben.

1 Den Backofen auf 180 °C Ober-/Unterhitze vorheizen. Die Form mit Butter fetten. Den Sandteig in die Form legen und mit den Fingerspitzen vorsichtig an die Wand der Form drücken. Den Teigrand zu einem Strang formen.

2 Den Teig mit Backpapier belegen und Backerbsen darauf verteilen, um zu verhindern, dass er beim Backen aufgeht (siehe Schritt-für-Schritt-Anleitung auf Seite 82). 10 Minuten backen, dann aus dem Ofen nehmen.

3 Für den Belag 150 g Pekannüsse grob hacken. Butter und braunen Zucker in eine Schüssel geben und mit einem Teigschaber gut verrühren. Wenn die Mischung glatt ist, die Eier nacheinander mit dem Schneebesen unterrühren. Ahornsirup und Vanille hinzufügen, dann die gehackten Pekannüsse unterrühren.

4 Die Mischung auf den vorgebackenen Sandteigboden geben. Mit den übrigen Pekannuss-Hälften belegen und weitere 30 Minuten backen. Lauwarm oder kalt genießen.

SCHRITT FÜR SCHRITT

MÜRBETEIG BLIND BACKEN

1

2

3

4

5

6

Zutaten

240 g Sandteig (siehe S. 110)

1

Den Backofen auf 180 °C Ober-/Unterhitze vorheizen. Die Tarteform mit Butter ausstreichen und mit Mehl bestäuben. Den Teig ausrollen und die Form damit auslegen. Den Teig vorsichtig an die Wand der Form drücken. Dabei darf er nicht reißen oder durchgestochen werden.

2

Den überstehenden Teigrand mit einem Messer sauber abschneiden. (Aus diesen Teigresten kannst du, wenn die Menge ausreicht, einen zweiten Boden backen oder Plätzchen daraus ausstechen.)

3

Den Teig mehrmals mit einer Gabel einstechen.

4

Den Teig mit einem Blatt Backpapier bedecken, Darauf eine großzügige Schicht Backerbsen oder getrocknete Bohnen verteilen.

5

15 Minuten backen, dann die Form aus dem Ofen nehmen.

6

Den vorgebackenen Teig abkühlen lassen. Er kann nun belegt werden, beispielsweise mit Schokoladen-Ganache, Crème pâtissière oder Früchten.

Aus der Welt der Fantasie

TATZEN-EIS

WASSEREIS ERDBEERE-VERBENE

LEVEL:

VORBEREITUNG: 15 Min

KOCHZEIT: 30 Min

KÜHLZEIT: 6 Std

ZUTATEN
FÜR 10 STÜCK

1 l Mineralwasser

FÜR DEN ERDBEER-VERBENEN-SIRUP

500 g Erdbeeren (Bio)
1 Handvoll Zitronenverbenenblätter
350 g Zucker
250 ml Wasser

ZUBEHÖR
Formen für Eis am Stiel

Nichts ist einfacher als die Herstellung von Wassereis! Dieses hier schmeckt so gut, dass es wahrscheinlich reißenden Absatz fände, wenn du dich entschließen kannst, es zu verkaufen.

1 Die Erdbeeren entstielen und in Stücke schneiden. In einen Topf geben. Zitronenverbene, Zucker und Wasser hinzufügen (für einen reinen Erdbeersirup können Sie die Verbene auch weglassen).

2 Bei mittlerer Hitze 30 Minuten erhitzen, dabei regelmäßig umrühren. Die Erdbeeren zerdrücken, um den Saft herauszupressen. Den Inhalt des Topfs durch ein feines Sieb gießen, um die Flüssigkeit zu gewinnen. (Die weich gekochten Erdbeeren und Verbenenblätter mit einem Mixer pürieren und als Kompott verwenden.)

3 Die Flüssigkeit in einen kleinen Topf gießen und bei mittlerer Hitze 2–4 Minuten reduzieren, bis er leicht dickflüssig wird. Damit ist der Erdbeer-Verbenen-Sirup fertig!

4 Den Sirup nach Belieben mit Mineralwasser verdünnen. Die Mischung in Eisformen gießen und 6 Stunden ins Gefrierfach stellen. Dann das Eis genießen.

Hinweis: Dieses Rezept ist sehr einfach zuzubereiten. Noch einfacher ist es, wenn du handelsüblichen Fruchtsirup verwendest. Ich empfehle aber, den Sirup selbst zuzubereiten, weil er viel besser schmeckt.

RGANIC"
$2

KNUSPER-KAROTTEN

SÜSSE KAROTTEN AM STIEL

LEVEL:

VORBEREITUNG: 10 Min

GARZEIT: 30–40 Min

RUHEZEIT: 1 Std

ZUTATEN
FÜR 4 PERSONEN

5 l Wasser
500 g Butter
200 g Zucker
30 g Salz
5 cm frischer Ingwer
4 große Karotten (oder 8 kleine)
4 Spekulatiuskekse
4 TL Honig

ZUBEHÖR
4 oder 8 Holzspieße

Karotten sind preiswert, man kann sie leicht selbst ziehen und man kann mit ihnen so viele köstliche Gerichte zubereiten, vom Salat über warme Gerichte bis zu Kuchen. Auch diese süßen Knusperlollis solltest du unbedingt kennen lernen.

1. Das Wasser in einen Topf geben. Die Butter in Stückchen schneiden und mit Zucker und Salz in das Wasser geben. Den Ingwer mit einem Messer zerdrücken und ebenfalls zugeben. Zum Kochen bringen.

2. Die Karotten schälen und im Ganzen in das heiße Wasser geben. Bei schwacher Hitze etwa 30–40 Minuten garen.

3. Die Karotten abgießen, abtropfen lassen und auf Zimmertemperatur abkühlen lassen. Danach 1 Stunde in den Kühlschrank stellen.

Servieren: Die Spekulatiuskekse fein zerbröseln. Die Holzspieße ins dicke Ende der Karotten stecken. Die Karotten mit Honig beträufeln, mit Bröseln bestreuen und genießen.

Knusper-
Karotten

B E M Y
P A L

RANDALLS CUPCAKES

SCHOKO-CUPCAKES MIT VANILLECREME

Für Erstsemester ist es gar nicht so leicht, sich an der Universität zurechtzufinden. Um Anschluss zu bekommen, ist es eine gute Idee, mit einem Berg leckerer Cupcakes bei einer Party zu erscheinen. Für diese Strategie hat sich jedenfalls der gute Randall entschieden.

LEVEL:

VORBEREITUNG: 30 Min

BACKZEIT: 15 Min

ZUTATEN
FÜR 4 PERSONEN

FÜR DEN TEIG
100 g Zucker
4 Eier
100 g Mehl
1 Päckchen Backpulver
2 EL Kakaopulver
135 g Butter

FÜR DIE CREME
250 ml kalte Schlagsahne
2 EL Puderzucker
2 EL Mascarpone
20 ml Vanilleextrakt

ZUBEHÖR
1 Tube rote Zuckerschrift
Cupcake-Förmchen aus Papier oder Silikon
Spritzbeutel

1 Den Backofen auf 180 °C Ober-/Unterhitze vorheizen. Den Teig zubereiten: Zucker und Eier in einer Schüssel mit einem Schneebesen zu einer homogenen Masse verrühren. Dann Mehl, Backpulver und Kakao zugeben und sorgfältig unterrühren.

2 Die Butter in der Mikrowelle oder in einem kleinen Topf bei schwacher Hitze zerlassen und in 3 Portionen unter den Teig rühren.

3 Den Teig in kleine Cupcake-Formen aus Papier oder Silikon gießen, auf ein Backblech stellen und 15 Minuten im Ofen backen.

4 Die Cupcakes aus dem Ofen nehmen und auf einem Küchengitter auf Zimmertemperatur abkühlen lassen.

5 Während die Cupcakes backen, die Creme zubereiten: Die Sahne in eine Schüssel geben und mit einem Schneebesen oder mit der Küchenmaschine kräftig aufschlagen. Wenn die Sahne anfängt, steif zu werden, den Zucker einrieseln lassen. Weiter schlagen, bis die Sahne steif ist, dabei den Mascarpone und den Vanilleextrakt unterrühren. Die Masse in einen Spritzbeutel füllen.

Servieren: Die Creme auf die Cupcakes spritzen und mit einem Spatel oder Esslöffel glätten. Mit der roten Zuckerschrift Buchstaben auf die Creme schreiben.

SCHRITT FÜR SCHRITT

SPRITZEN

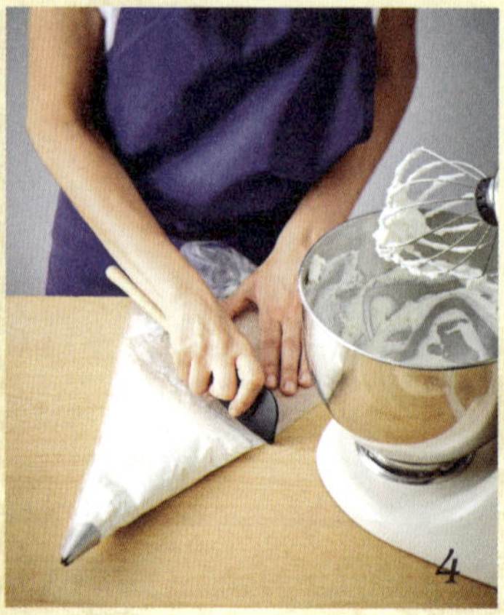

Zutaten

250 ml kalte Schlagsahne
2 EL Puderzucker
2 EL Mascarpone
20 ml Vanilleextrakt (Bio)
Kuchen oder Cupcakes (abgekühlt)

1

Die Vanillecreme zubereiten. Dazu die Sahne in die Schüssel der Küchenmaschine geben und kräftig aufschlagen. Wenn sie steif zu werden beginnt, den Zucker einrieseln lassen. Weiter schlagen, bis die Sahne steif ist, dabei den Mascarpone und den Bio-Vanilleextrakt unterheben. Die gewählte Tülle in den Spritzbeutel einsetzen. Den Spritzbeutel mit dem Daumen leicht in die Tülle drücken. Dadurch wird verhindert, dass die Creme an der falschen Stelle herausquillt.

2

Den oberen Rand des Spritzbeutels umkrempeln.

3

Die linke Hand unter den umgekrempelten Rand schieben, mit der anderen Hand die Creme mit einem Teigschaber in den Beutel füllen.

4

Den Rand des Spritzbeutels wieder hochfalten. Von außen mit dem Teigschaber über den Beutel streichen, um die Creme zur Spitze des Spritzbeutels zu drücken. So werden Lufteinschlüsse beseitigt.

5

Den Spritzbeutel aufrecht stellen, damit die Creme in Richtung Tülle rutscht. Den oberen Teil des Spritzbeutels um den Daumen wickeln, dann die Creme auf den Kuchen oder die Cupcakes spritzen. Die Form der Tülle bestimmt das Aussehen der gespritzten Creme. Du kannst kreis- oder spiralförmig spritzen (Bild 5) oder einzelne Tupfer auf die Oberfläche setzen (großes Foto).

Tipp: Wer möchte, kann die Creme mit einigen Tropfen Lebensmittelfarbe einfärben.

LILA MOUSSE FÜR JACK-JACK

BROMBEERSCHAUM MIT LAVENDEL

LEVEL:

VORBEREITUNG: 10 Min

RUHEZEIT: 1 Std

ZUTATEN
FÜR 4 PERSONEN

250 g Brombeeren
3 Eiweiß
40 g Puderzucker
150 ml kalte Konditorsahne (mind. 30 % Fett)
15 g Puderzucker
20 ml Lavendelsirup

ZUBEHÖR

Standmixer
Spitzsieb
Handmixer

Diesem fruchtig-süßen Dessert kann niemand widerstehen!

1 Die Brombeeren im Standmixer 2 Minuten fein pürieren, dann durch ein Sieb passieren, um ein dickflüssiges, kernloses Püree zu erhalten. Beiseite stellen.

2 Das Eiweiß in einen Rührbecher geben und zu Eischnee schlagen. Den Puderzucker einrieseln lassen und weiter schlagen, bis die Masse steif ist. Beiseite stellen.

3 Für die Lavendelsahne die Konditorsahne in einer Schüssel mit einem Schneebesen kräftig aufschlagen. Wenn sie anfängt, steif zu werden, unter ständigem Schlagen den Zucker einrieseln lassen. Nach 2 Minuten den Lavendelsirup unterrühren.

4 Den Eischnee vorsichtig mit einem Teigschaber unter die Sahne heben – sehr vorsichtig, damit die Masse luftig bleibt. Danach das Brombeerpüree unterrühren.

5 Die Mousse in eine Servierschüssel füllen, mit Frischhaltefolie abdecken und mindestens 1 Stunde in den Kühlschrank stellen.

STARKE WAFFELN

WAFFELN MIT GESALZENER BUTTER UND AHORNSIRUP

LEVEL:

VORBEREITUNG: 15 Min

BACKZEIT: 10–15 Min

ZUTATEN
FÜR 4 PERSONEN

250 g Mehl, gesiebt
1 Päckchen Backpulver
2 Eier
70 g Zucker
500 ml Milch
20 ml Vanilleextrakt (Bio)
80 g zerlassene Butter
neutrales Pflanzenöl
Salz

ZUM SERVIEREN

Puderzucker
gesalzene Butter
Karamellsauce
Ahornsirup

ZUBEHÖR

Handmixer
Waffeleisen

Wer hätte gedacht, dass Bob Parr einmal seinen Kindern bei der Alltagsbewältigung helfen muss – Flash mit seinem unersättlichen Appetit, Violet mit ihrem Liebeskummer und dem kleinen Jack-Jack, der seine Superkräfte noch nicht richtig beherrscht.

1 Perfekte Waffeln sollen außen schön knusprig und innen schmelzend zart sein!

2 Das Mehl, 1 Prise Salz und das Backpulver in einer Schüssel mischen. Die Eier trennen. Das Eiweiß mit einer Prise Salz zu steifem Eischnee schlagen. Beiseite stellen.

3 Das Eigelb mit dem Zucker kräftig aufschlagen, bis es hell und schaumig ist. Dadurch wird der Teig schön locker. Milch, Vanilleextrakt und geschmolzene Butter unterrühren. Dann die trockenen Zutaten zugeben und alles mit einem Schneebesen zu einem glatten Teig verrühren.

4 Nun geht es ans Backen. Das Waffeleisen mit neutralem Öl einfetten und erhitzen. Teig einfüllen. Je nach Geschmack 3–5 Minuten backen. (Sie können den Teig auch in gefettete Waffelformen füllen und für 15 Minuten bei 200 °C in den Backofen schieben.)

Servieren: Die Waffeln mit Puderzucker bestreuen, ein Stück Butter darauf schmelzen lassen und mit Karamellsauce oder Ahornsirup bestreuen. Heiß servieren.

DÄMONEN-DRINK

WÜRZIGE LIMONADE MIT ORANGEN

LEVEL:

VORBEREITUNG: 10 Min

KOCHZEIT: 10 Min

ZUTATEN
FÜR 4 PERSONEN

1 l Limonade, Tonic oder Mineralwasser mit Kohlensäure

FÜR DEN SIRUP
2 Arta-Orangen (oder Bio-Saftorangen)
1 Vanilleschote
1 cm frischer Ingwer
300 g brauner Zucker
300–350 ml Wasser
50 ml Granatapfelsaft
2 Sternanis
1 Zimtstange
Minzeblätter

Diese ungewöhnliche Limonade schmeckt besser als jeder Energy-Drink und verleiht übermenschliche Kräfte.

1 Die Orangen dünn schälen, dann die Früchte auspressen. Die Vanilleschote der Länge nach aufschlitzen, das Mark herausschaben und die Schote in kleine Stücke schneiden. Den Ingwer zerdrücken.

2 Braunen Zucker, Wasser, Orangensaft und Granatapfelsaft in einen Topf geben. Gut verrühren und auf mittlerer Stufe 5 Minuten erhitzen, bis sich der Zucker vollständig aufgelöst hat.

3 Orangenschalen, Sternanis, Zimt, Vanillemark, Vanilleschote, Ingwer und Minze zugeben und die Mischung köcheln lassen, bis sie eine sirupartige Konsistenz hat. Beim Kochen nimmt der Sirup die Aromen der Gewürze an.

4 Den Sirup durch ein feines Sieb gießen und in eine luftdicht schließende Flasche füllen. Er ist recht intensiv und hält sich im Kühlschrank mehrere Wochen.

Zum Servieren 1–2 EL Sirup in ein Glas geben und mit gekühlter Limonade oder kohlensäurehaltigem Mineralwasser auffüllen.

KUMANDRA-TEE

KALTER TEE, JASMIN, CHILI, ZITRONENGRAS UND PALMZUCKER

LEVEL: ❋

VORBEREITUNG: 5 Min

KOCHZEIT: 5 Min

ZIEHZEIT: 30 Min

ZUTATEN
FÜR 1 LITER

1,2 l Mineralwasser
10 g Schwarzteeblätter
1 Stängel Zitronengras
80 g Palmzucker
2 kleine Chilis
2 Hibiskusblüten
1 Handvoll Jasminblüten
gestoßenes Eis

Es gibt Regionen auf der Welt, in denen wahrhaft kulinarische Wunder auf ihre Entdeckung warten. Hier ist ein Rezept für einen aromatischen, würzigen und leicht scharfen Eistee, der den Körper erfrischt und das Herz erwärmt!

1. Alle Zutaten vorbereiten: Das Zitronengras grob hacken, den Palmzucker grob zerstoßen. Die Chilischoten aufschneiden und die Kerne mit einer Messerspitze entfernen. Danach gründlich die Hände waschen!

2. Jetzt geht es ans Kochen: Das Mineralwasser in einem großen Topf erhitzen, aber nicht über 85 °C. Schwarzteeblätter, Zitronengras, Hibiskusblüten, Jasminblüten, Palmzucker und Chilis dazugeben. Die Temperatur etwa 5 Minuten halten, dann den Topf vom Herd nehmen. Den Topf abdecken und die Mischung 30 Minuten ziehen lassen.

3. Die Mischung durch ein feines Sieb gießen, in eine Flasche füllen und im Kühlschrank aufbewahren.

Am besten wird der Kumandra-Tee auf gestoßenem Eis serviert. Zum Nachsüßen kann bei Bedarf etwas Zuckerrohrsirup oder Honig verwendet werden.

LEGENDÄRES REISDESSERT

KLEBREIS MIT MANGO UND KOKOSMILCH

LEVEL: ✻

VORBEREITUNG: 15 Min

KOCH-/BACKZEIT: 45 Min

ZUTATEN
FÜR 4 PERSONEN

250 g Klebreis
2 reife Mangos
600 ml Kokosmilch
50 g Zucker
5 g Salz
2 reife Bananen
1 Bio-Limette (Saft und Schale)
80 g Mandelblättchen

ZUBEHÖR
4 Bambuskörbchen für Klebreis

In jedem Land gibt es besondere Gerichte, die man in den Familien zu festlichen Anlässen zubereitet und mit der Familie verspeist. Hier ist ein Rezept für schmelzenden Mango-Kokos-Reis, der perfekt zu jedem Anlass passt!

1 Den Backofen auf 200 °C Ober-/Unterhitze vorheizen. Den Klebreis 2- bis 3-mal unter fließendem Wasser abspülen. Abtropfen lassen, dann in 4 kleine Bambuskörbchen verteilen und im Dampf 35–40 Minuten garen.

2 In der Zwischenzeit ein Backblech mit Backpapier belegen. Die Mangos darauflegen und 20 Minuten im Ofen garen. Beiseite stellen.

3 Die Kokosmilch mit dem Zucker und dem Salz in einen Topf geben. Erhitzen, aber nicht kochen lassen. Beiseite stellen.

4 Den gegarten Reis in 4 Schalen füllen. Mit der gesüßten Kokosmilch übergießen und einige Minuten stehen lassen.

5 Die Bananen schälen und mit einer Gabel zerdrücken. Die Mangos schälen und in Scheiben schneiden.

Servieren: Zerdrückte Bananen und Mangoscheiben auf dem Reis anrichten. Mit 1 TL Limettensaft beträufeln und mit abgeriebener Limettenschale und Mandeln bestreuen. Servieren.

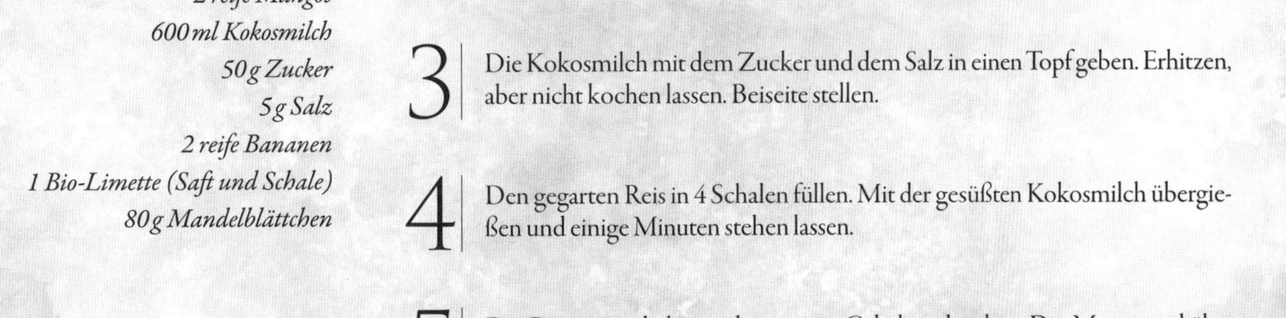

PIZZA AUS DAVORSEITS

SÜSSE PIZZA MIT FRÜCHTEN, WEISSER SCHOKOLADE UND MANDELN

LEVEL:

VORBEREITUNG: 20 Min

BACKZEIT: 25 Min

ZUTATEN
FÜR 4 PERSONEN

240 g Pizzateig (siehe S. 113)
80 g weiße Schokolade
50 g Mandelmus
1 Banane
1 Kiwi
10 Heidelbeeren

ZUBEHÖR
Pizzastein

Sie sehen lustig aus, diese Pizzen aus Davorseits! Seelen können sie nicht berühren, riechen oder essen, aber wir Menschen können sie uns schmecken lassen.

1. Den Backofen mit Pizzastein auf 220 °C Ober-/Unterhitze vorheizen. Für die weiße »Sauce« die weiße Schokolade über einem heißen Wasserbad schmelzen. Die Temperatur darf 38 °C nicht übersteigen (am besten ein Küchenthermometer verwenden). Das Mandelmus mit einem Teigschaber unterrühren. Die Sauce beiseite stellen.

2. Den Pizzateig auf der Arbeitsfläche ausrollen und auf dem Pizzastein im vorgeheizten Backofen 15–20 Minuten backen.

3. Für den Belag die Banane und die Kiwi schälen und in Scheiben schneiden. Die Heidelbeeren abspülen und vorsichtig abtrocknen.

4. Den Teig mit der weißen Schokoladencreme bestreichen, mit den Obstscheiben und den Heidelbeeren belegen. Dann kann serviert werden.

KRONENKUCHEN

SAFTIGER KUCHEN MIT ORANGENGLASUR UND KANDIERTEM INGWER

LEVEL:

VORBEREITUNG: 15 Min

BACKZEIT: 35 Min

ZUTATEN
FÜR 6 PERSONEN

180 g Mehl
1 Päckchen Backpulver
1 Prise Salz
180 g Butter
4 Eier
120 g brauner Zucker
200 g bittere Orangenmarmelade
50 ml Vollmilch

FÜR DIE GLASUR

3 Eiweiß
2 EL Puderzucker
1–2 Bio-Orangen
(Saft und Schale)
40 g kandierter Ingwer

ZUBEHÖR
Gugelhupfform

Wenn man an ein erfrischendes festliches Dessert denkt, fällt einem meist zuerst Eiscreme ein. Aber dieser saftige Kuchen mit Orange und Ingwer ist ebenso erfrischend und nicht weniger festlich.

1 Den Backofen auf 180 °C Ober-/Unterhitze vorheizen. Mehl, Backpulver und Salz in eine Schüssel geben. Beiseite stellen.

2 Die Butter in einem Topf bei schwacher Hitze zerlassen. Vom Herd nehmen.

3 Die Eier aufschlagen und trennen. Das Eigelb in einer Schüssel mit dem braunen Zucker kräftig aufschlagen, bis die Mischung homogen und schaumig ist. Unter ständigem Schlagen Orangenmarmelade, Milch und geschmolzene Butter zugeben. Die trockenen Zutaten hinzufügen und alles zu einem glatten Teig verrühren.

4 Das Eiweiß zu lockerem Eischnee schlagen und mit einem Teigschaber vorsichtig unter den Teig heben.

5 Die Backform mit Butter einfetten. Den Teig hineinfüllen und 35 Minuten backen. Aus der Form auf ein Küchengitter stürzen und beiseite stellen.

6 Für die Orangenglasur Eiweiß, Puderzucker und Orangensaft in einem Rührbecher mit einem Schneebesen zu einer dicken Glasur verrühren. Den Kuchen auf eine Servierplatte setzen und die Oberseite mit der Glasur bestreichen. Mit abgeriebener Orangenschale und kandiertem Ingwer garnieren.

Grundrezepte

TEIGE

MÜRBETEIG

Vorbereitung: 10 Min
Ruhezeit: 30 Min

ZUTATEN

1 Eigelb
5 g Salz
50 ml Wasser
125 g zimmerwarme Butter
250 g Mehl
50 g Zucker

• Eigelb, Salz und Wasser in einer Schüssel verrühren und beiseite stellen. Die Butter in kleine Flöckchen schneiden. Das Mehl sieben, auf die Arbeitsfläche schütten und eine Mulde in die Mitte drücken.

• Die Butterflöckchen auf dem Mehl verteilen. Die Eigelbmischung in die Mitte der Mulde gießen. Alles zügig vermengen, ohne zu viel zu kneten. Zu einer Kugel formen, in Frischhaltefolie wickeln und mindestens 30 Minuten in den Kühlschrank stellen.

SANDTEIG

Vorbereitung: 10 Min
Ruhezeit: 30 Min

ZUTATEN

125 g zimmerwarme Butter
250 g Mehl
50 g Puderzucker
1 Eigelb
30 ml kaltes Wasser (ca. 1 Eierschale voll)
1 Prise feines Salz

• Die Butter in Flöckchen schneiden, in eine Schüssel geben und das Mehl hinzufügen. Butter und Mehl zwischen den Fingern und Händen zerreiben, wie man es mit Sand machen würde. Wenn die Mischung fein bröselig aussieht, Puderzucker und Eigelb hinzufügen.

• Mit den Fingerspitzen vermengen, dann Wasser und eine Prise Salz hinzufügen. Wenn der Teig zusammenhält, zur Kugel formen und in Frischhaltefolie wickeln. Mindestens 30 Minuten in den Kühlschrank stellen.

BLÄTTERTEIG

Vorbereitung und
Ruhezeit: 6 Std

ZUTATEN

200 g Mehl, Type 550
50 g Butter
80 ml Wasser
1 TL Salz
150 g kalte Butter

Dieser Teig erfordert Geduld, denn seine Qualität steht und fällt mit der Zeit, die man ihm gibt.

• Mehl, Butter, Wasser und Salz in eine Schüssel geben und zu einem homogenen Teig verkneten. Mit einem Messer ein Kreuz in die Oberfläche des Teigs schneiden. Den Teig fest in Frischhaltefolie wickeln und 30 Minuten in den Kühlschrank legen.

• Die Arbeitsfläche mit Mehl bestreuen, damit der Teig nicht anklebt. Den Teig zunächst mit der flachen Hand flach drücken, dann mit einem Nudelholz ausrollen. In der Mitte sollte er etwas dünner sein. Die kalte Butter auf der Oberfläche des Teigs verteilen und die beiden Seiten des Teigs darüberklappen. Den Teig um 180 Grad drehen und mit etwas Mehl bestreuen.

• Den Teig erneut ausrollen. Dabei soll ein Rechteck entstehen, das dreimal so lang wie breit ist. Den Teig um 90 Grad drehen, dann zuerst die rechte, dann die linke Seite überklappen. Den Teig 30 Minuten in den Kühlschrank stellen, dann wieder auf die Arbeitsfläche legen, ohne ihn zu drehen (das ist wichtig).

• Den Teig wieder mit etwas Mehl bestreuen und zu einem Rechteck ausrollen, das dreimal so lang wie breit ist. Den Teig um 90 Grad drehen und wieder beide Seiten überklappen. Erneut 1 Stunde kühl stellen. Diese Schritte noch 4- bis 6-mal wiederholen, um einen Blätterteig zu erhalten, der seinem Namen Ehre macht.

BRANDTEIG

Vorbereitung: 15 Min
Backzeit: 15 Min

ZUTATEN

80 g Butter
250 ml Wasser oder Milch
1 Prise Salz
150 g Mehl
3 Eier

• Die Butter in Flöckchen schneiden. Das Wasser (oder die Milch) in einen Topf gießen. Butterflöckchen und eine Prise Salz zufügen und erhitzen, bis die Butter vollständig geschmolzen ist.

• Den Topf vom Herd nehmen und das gesamte Mehl zugeben. Kräftig rühren, bis eine homogene Masse entsteht. Den Topf wieder auf den Herd stellen und rühren, bis sich der Teig vom Topf löst und sich am Topfboden ein Film bildet. Den Teig vom Herd nehmen und in eine Schüssel geben.

• Die Eier nacheinander unter den Teig rühren. Den Teig in einen Spritzbeutel füllen und Windbeutel, Eclairs oder Gougères auf ein mit Backpapier belegtes Blech spritzen.

• Für besonders leckere Windbeutel nach dem Einrühren der Eier 2 EL Puderzucker unter den Teig rühren. Den gesüßten Brandteig auf ein Backblech spritzen und mit Zucker bestreuen.

• 15 Minuten im vorgeheizten Backofen bei 210 °C Ober-/Unterhitze backen.

MANDEL-MÜRBETEIG (NACH EINEM REZEPT VON PIERRE HERMÉ)

Vorbereitung: 10 Min
Ruhezeit: 30 Min

ZUTATEN

140 g zimmerwarme Butter
75 g Puderzucker
2 g Salz
25 g gemahlene Mandeln
1 Ei
250 g Mehl

• Die Butter in eine Rührschüssel geben und mit einem Spatel cremig rühren. Puderzucker, Salz, gemahlene Mandeln und das Ei hinzufügen. Alle Zutaten gut miteinander verrühren, dann das Mehl zugeben. Alles zügig vermengen (nicht kneten), zu einer Kugel formen und in Frischhaltefolie wickeln. Mindestens 30 Minuten in den Kühlschrank stellen.

• Wenn der Teig gut gekühlt ist, kann er vorgebacken werden. Dafür den Teig ausrollen und in eine Form legen oder Kreise ausstechen. Danach muss er nur noch belegt werden.

PIZZATEIG

Vorbereitung: 15 Min
Ruhezeit: 1 ½ Std

ZUTATEN

150 g Mehl, Type 00 oder 405
3 g frische Hefe
3 g Salz
85 ml lauwarmes Wasser
4 ml Olivenöl

• Die Hefe zerbröseln. Mehl, Hefe und Salz in eine Schüssel geben. Miteinander mischen, dabei die Hefe gleichmäßig verteilen.

• Das lauwarme Wasser zugeben und zügig unterrühren. Die Mischung eine Zeit lang stehen lassen.

• Den Teig 5–8 Minuten kräftig kneten. Das Olivenöl hinzufügen und weitere 2 Minuten kneten.

• Den Teig in eine Schüssel legen, mit einem feuchten Tuch bedecken und 1 Stunde ruhen lassen.

• Nochmals kurz durchkneten, damit die Gase entweichen können. Den Teig in Portionen teilen und diese abgedeckt weitere 30 Minuten ruhen lassen. Die Teiglinge vor dem Belegen ausrollen.

CREMES

CRÈME PÂTISSIÈRE

Zubereitung: 20 Min

ZUTATEN

400 ml Milch
1 Vanilleschote
4 Eigelb
65 g Puderzucker
40 g Speisestärke

Die Crème Pâtissière ist ein Klassiker der französischen Konditorkunst, wird aber auch als Grundlage für andere Dessertcremes verwendet.

• Die Milch in einem Topf auf niedriger Stufe erhitzen. Die Vanilleschote längs aufschlitzen und das Mark mit einer Messerspitze herausschaben. Vanillemark und -schote in die heiße Milch geben und 10 Minuten ziehen lassen, dann die Vanilleschote herausnehmen. Den Topf vom Herd nehmen, sobald die Milch zu dampfen beginnt.

• Eigelb und Zucker in einem Rührbecher gut verrühren. Die Speisestärke zufügen und rühren, bis eine glatte Masse entstanden ist. Unter ständigem Rühren langsam die warme Milch zugießen.

• Die Mischung wieder in den Topf geben und unter ständigem Rühren bei mittlerer Hitze vorsichtig erwärmen. So lange rühren, bis die Creme dicker wird und der Kochlöffel eine Spur in der Oberfläche hinterlässt. Vom Herd nehmen und die Creme in eine Schüssel gießen. Frischhaltefolie direkt auf die Oberfläche legen, damit sich keine Haut bildet. Auf Zimmertemperatur abkühlen lassen, dann bis zur Verwendung in den Kühlschrank stellen.

CRÈME ANGLAISE

Zubereitung: 10 Min

ZUTATEN

250 ml Milch
1 Vanilleschote
3 Eigelb
30 g Zucker

• Die Milch in einem Topf auf niedriger Stufe erhitzen. Die Vanilleschote längs aufschlitzen und das Mark mit einer Messerspitze herausschaben. Vanillemark und -schote in die heiße Milch geben und 10 Minuten ziehen lassen, dann die Vanilleschote herausnehmen. Den Topf vom Herd nehmen, sobald die Milch zu dampfen beginnt.

• Eigelb und Zucker in einer Schüssel glatt verrühren. Die heiße Milch nach und nach unter ständigem Rühren zugießen. Die Mischung wieder in den Topf geben und erneut bei schwacher Hitze erwärmen.

BUTTERCREME

Zubereitung: 15 Min

ZUTATEN

200 g Puderzucker
50 ml Wasser
2 Eier + 2 Eigelb
200 g weiche Butter in Flöckchen

ZUBEHÖR

Küchenthermometer
Handmixer

• Zucker und Wasser in einem Topf auf mittlerer Stufe erhitzen, bis der Zucker sich auflöst und ein Sirup entsteht. Die Temperatur mit einem Thermometer überwachen. Eier und Eigelb in einem Rührbecher mit dem Handmixer auf niedriger Stufe verquirlen.

• Wenn der Sirup 121 °C erreicht hat, vom Herd nehmen und langsam unter ständigem Rühren zu den Eiern gießen. Weiterrühren, bis sich der Sirup perfekt mit den Eiern verbunden hat und die Mischung durch die Wirkung des Mixers abgekühlt ist. Langsam unter ständigem Rühren die weiche Butter hinzufügen. Jetzt kann die Creme nach Belieben aromatisiert werden, beispielsweise mit Vanilleextrakt, Matcha- oder Kakaopulver. Mit dem Rühren aufhören, sobald die Geschmackszutaten untergerührt sind. Bei zu langem Rühren kann die Creme gerinnen und du musst eventuell von vorne beginnen.

• Frischhaltefolie direkt auf die Oberfläche der Creme legen, dann die Creme bis zur Verwendung in den Kühlschrank stellen.

MANDELCREME

Zubereitung: 10 Min

ZUTATEN

50 g zimmerwarme Butter
50 g Zucker
2 Eier
50 g gemahlene Mandeln

• Butter und Zucker in einer Schüssel gründlich verrühren. Die Eier nacheinander zugeben und mit einem Schneebesen unterrühren. Danach die gemahlenen Mandeln unterrühren.

• Die fertige Mandelcreme zum Füllen von Kuchen oder Torten verwenden. Sie wird mitgebacken.

SCHLAGSAHNE

Zubereitung: 10 Min

ZUTATEN

500 ml Konditorsahne
(Fettgehalt über 30 %)
50 g Puderzucker

• Schlagsahne ist leicht herzustellen, man sollte aber einige Tricks kennen. Wichtig ist, dass sowohl die Sahne als auch die Gerätschaften kalt sind.

• Schüssel und Schneebesen (oder Rührbesen des Handmixers) einige Minuten ins Gefrierfach legen, bis sie sehr kalt sind. Die Sahne und den Puderzucker in die Schüssel geben und aufschlagen, bis beim Anheben des Schneebesens Spitzen stehen bleiben.

Spritztüllen für die Konditorei

DIE LOCHTÜLLE

Lochtüllen verschiedener Größen werden verwendet, um Punkte, Tupfen oder Spitzen zu spritzen. Mit Lochtüllen kann man schreiben, und sie werden zum Spritzen von Macarons benutzt.

DIE STERNTÜLLE

Auch die gezahnten Tüllen gibt es in verschiedenen Größen. Sie werden verwendet, um Sterne, Blumen und Bordüren zu spritzen. Sie eignen sich auch für Stränge mit Rillenmuster.

DIE BLÜTENTÜLLE

Die Tüllen mit der tropfenförmigen Öffnung werden verwendet, um Rosen und andere Blüten zu spritzen. Sie eignen sich aber auch für Bänder und Bogen.

DIE GEZACKTE TÜLLE

Diese Tüllen eignen sich für vielstrahlige Sterne, aber auch zum Garnieren von Kuchen und Cupcakes.

GLASUREN

Eine Glasur ist eine glänzende Schicht, die ein Gebäck schöner aussehen lässt und außerdem seinen Geschmack aufwertet. Sie hat auch etwas Geheimnisvolles, denn auf den ersten Blick ist nicht zu erkennen, was für eine Köstlichkeit sich unter der Glasur versteckt. Hier folgen Rezepte für Glasuren, die häufig verwendet werden.

SCHOKOLADENGLASUR

Vorbereitung: 15 Min
Ruhezeit: 1 Std

ZUTATEN

200 g dunkle Schokolade (70 % Kakaogehalt)
80 g zimmerwarme Butter
20 g flüssiger Honig

• Die Schokolade in Stücke brechen und in eine Schüssel geben, die auf einem Topf mit köchelndem Wasser steht. Butter und Honig zugeben und alles bei schwacher Hitze unter ständigem Rühren schmelzen. Mit einem Kochlöffel zu einer glatten, glänzenden Masse verrühren. Wenn die Masse zu dick ist, etwas mehr Butter unterrühren. Vom Herd nehmen und abkühlen lassen.

• Die Glasur ist fertig, wenn sie eine Temperatur von 30 °C erreicht hat (knapp handwarm). Ein Küchengitter auf ein Backblech stellen und das zu glasierende Gebäck darauflegen. Die Glasur mit einer kleinen Kelle jeweils von der Mitte nach außen auf die Gebäckteile gießen – nicht zu sparsam, damit die Glasur eine deckende Schicht bildet.
Zum Festwerden 1 Stunde in den Kühlschrank stellen.

ZITRONENGLASUR

Zubereitung: 5 Min

ZUTATEN

200 g Puderzucker

1 Eiweiß

Saft von ½ Zitrone

- Den Puderzucker in eine Schüssel geben. Das Eiweiß hinzufügen und glatt verrühren.

- Den Zitronensaft zugeben und rühren, bis eine glatte, glänzende Glasur entsteht. Das war's schon!

ZITRONENGUSS

Zubereitung: 5 Min

ZUTATEN

120 g Puderzucker

Saft von 1 Zitrone

- Den Puderzucker in eine Schüssel geben. Den Zitronensaft hinzufügen und gründlich verrühren, bis eine weiße, dickliche Mischung entsteht. Den Zuckerguss über das Gebäck träufeln oder gießen.

FRISCHKÄSEGLASUR

Zubereitung: 5 Min

ZUTATEN

100 g Frischkäse oder Mascarpone

50 g weiche Butter

1 EL Puderzucker

- Alle Zutaten in eine Schüssel geben und sorgfältig zu einer homogenen, cremigen Masse verrühren. Das Gebäck damit bestreichen.

SPIEGELGLASUR

Damit eine Spiegelglasur wirklich spiegelglatt und glänzend gelingt, ist etwas Übung erforderlich. Man kann sie mit dunkler oder heller Schokolade zubereiten. Dies ist ein Rezept mit weißer Schokolade, das sich gut einfärben lässt.

Zubereitung: 15 Min

ZUBEHÖR

Küchenthermometer
Stabmixer

ZUTATEN

5 Blätter Gelatine
100 g Wasser
200 g Zucker
200 g Glukosesirup oder Isomalt
200 g weiße Kuvertüre (Pellets)
135 g Kondensmilch
1 EL wasserlösliche rote Lebensmittelfarbe

- Eine kleine Schüssel mit kaltem Wasser füllen. Die Gelatine hineinlegen und einige Minuten zum Quellen beiseite stellen.

- Für den Zuckersirup Wasser, Zucker und Glukosesirup in einem Topf zum Kochen bringen. Vom Herd nehmen, wenn die Temperatur 105 °C erreicht.

- Die Kuvertüre in einen Rührbecher geben und mit dem heißen Sirup übergießen. Die Kondensmilch zugießen. Die Gelatine aus dem Wasser nehmen und gut ausdrücken, dann ebenfalls in den Rührbecher geben.

- Die Mischung mit einem Stabmixer 30 Sekunden durchmischen. Dabei den Mixer auf den Boden des Rührbechers setzen, damit keine Luft unter die Mischung geschlagen wird. Die wasserlösliche Lebensmittelfarbe zufügen und einige Sekunden mixen, bis sie gut untergearbeitet ist. Nun die Spiegelglasur auf 32 °C abkühlen lassen, bevor sie zum Überziehen von Gebäck verwendet wird.

- Ein Küchengitter auf ein Backblech stellen und das zu glasierende Gebäck darauf legen. Die Glasur mit einer kleinen Kelle jeweils von der Mitte nach außen auf die Gebäckteile gießen – nicht zu sparsam, damit die Glasur eine deckende Schicht bildet.

- Zum Festwerden 1 Stunde in den Kühlschrank stellen.

Tipp: Wer keine Lebensmittelfarbe verwenden möchte, sollte die Spiegelglasur mit dunkler Kuvertüre mit 70 % Kakaoanteil zubereiten.

BISKUITS

BISCUIT JOCONDE

Vorbereitung: 10 Min
Backzeit: 10 Min

ZUTATEN

100 g Puderzucker
95 g gemahlene Mandeln
3 Eier + 80 g Eiweiß
35 g Mehl
15 g Puderzucker

ZUBEHÖR

Handmixer

- Zucker und gemahlene Mandeln in einem hohen Gefäß mischen. Die Eier in einer Schüssel schaumig schlagen, dann und die Zucker-Mandel-Mischung unterrühren. So lange rühren, bis eine homogene, zähflüssige Masse entsteht. Das Mehl unterrühren. Den Teig kurz beiseite stellen, um den Eischnee zuzubereiten.

- Das Eiweiß in einer Schüssel mit einem Handmixer oder einem Schneebesen schaumig schlagen. Wenn sich das Volumen verdoppelt hat, den Zucker einrieseln lassen und weiterschlagen, bis der Eischnee steif ist. Den Eischnee mit einem Spatel vorsichtig unter den Teig heben.

- Den Backofen auf 180 °C Ober-/Unterhitze vorheizen. Ein Backblech mit Backpapier auslegen. Den Teig daraufgießen und 10 Minuten backen.

GENUESER BISKUIT

Vorbereitung: 10 Min
Backzeit: 10 Min

ZUTATEN

FÜR 1 BACKBLECH

4 Eier
120 g Zucker
1 Prise Salz
120 g Mehl

ZUBEHÖR

Handmixer

- Den Backofen auf 180 °C Ober-/Unterhitze vorheizen.

- Reichlich Wasser in einem großen Topf zum Kochen bringen. Eier und Zucker in eine Rührschüssel geben und diese auf den Topf stellen. Über dem heißen Wasserbad mit einem Schneebesen oder einem Handmixer zu einer glatten, schaumigen Masse aufschlagen.

- Die Schüssel vom Wasserbad nehmen. Mit einem Spatel Salz und Mehl vorsichtig unterheben, dabei den Spatel vom Boden der Schüssel nach oben bewegen. Der Teig soll locker und luftig bleiben.

- Ein Backblech mit Backpapier auslegen und den Teig gleichmäßig darauf verteilen. In den Ofen schieben und 10 Minuten backen.

SCHOKOLADE

SCHOKOLADENSAUCE

Zubereitung: 10 Min

ZUTATEN

150 g dunkle Schokolade
300 ml Wasser
100 g Zucker
150 ml Crème fraîche

- Die Schokolade in Stücke brechen, dann zusammen mit Wasser, Zucker und Crème fraîche in einen Topf geben. Bei mittlerer Hitze zum Kochen bringen und dabei rühren, bis die Zutaten gut vermischt sind. Weitere 5 Minuten unter ständigem Rühren leicht köcheln lassen.

- Die Sauce ist perfekt, wenn sie glatt und glänzend ist und an der Rückseite eines Löffels haftet. Sofort servieren oder in einen Behälter füllen und Frischhaltefolie direkt auf die Oberfläche legen, damit sich keine Haut bildet. Die Sauce hält sich im Kühlschrank 5 Tage.

SCHOKOLADENSORTEN

Schokolade wird in drei Kategorien unterteilt: dunkle Schokolade, Milchschokolade und weiße Schokolade.

VOLLMILCH-SCHOKOLADE

Vollmilchschokolade besteht aus Kakaomasse, Kakaobutter, Zucker und Milchpulver. Sie hat einen milden Geschmack, manchmal mit einer leichten Karamellnote. Sie ist süßer als dunkle Schokolade..

DUNKLE SCHOKOLADE

Sie enthält mindestens 35 % Kakaomasse (und kann bis zu 99 % Kakaogehalt haben). Der Rest besteht größtenteils aus Kakaobutter und Zucker, außerdem können Zutaten zum Aromatisieren hinzugefügt werden. Je höher der Anteil an Kakaomasse ist, desto mehr gesunde Inhaltsstoffe enthält die Schokolade (z. B. Ballaststoffe, Antioxidantien, Magnesium, Eisen usw.).

WEISSE SCHOKOLADE

Dieses Produkt hat den Namen Schokolade eigentlich nicht verdient, denn sie enthält keine Kakaomasse, sondern vor allem Kakaobutter, Zucker und Milch.

SCHOKOLADE TEMPERIEREN

Als Temperieren von Schokolade bezeichnet man einen Vorgang, bei dem das Fett in der Schokolade kristallisiert. Damit sich die Atome der Schokolade gleichmäßig verteilen, wird die Schokolade verschiedenen Temperaturen ausgesetzt. Auf diese Weise wird die temperierte Schokolade glänzend, knackig und lässt sich viel leichter verarbeiten.

Um die Schokolade auf diese Weise zu verarbeiten, verwenden erfahrene Chocolatiers am liebsten Kuvertüre.

- 200 g Kuvertüre in einer Schüssel über einem Wasserbad bei einer Temperatur von höchstens 55 °C schmelzen.

- 100 g zusätzliche Schokolade hacken und bei niedrigerer Hitze unter die geschmolzene Kuvertüre rühren, um die Temperatur kontrolliert zu senken.

- Die Mischung auf 28 °C abkühlen, dann wieder auf 31–32 °C erwärmen. Bei dieser Temperatur ist Zartbitterschokolade perfekt für die weitere Verwendung temperiert.

Die Temperaturen variieren je nach verwendeter Schokoladensorte:
- Weiße Schokolade bei 45 °C schmelzen, auf 26 °C abkühlen und auf 29 °C erwärmen.

Vollmilchschokolade bei 45 °C schmelzen, auf 27 °C abkühlen und auf 30 °C erwärmen.

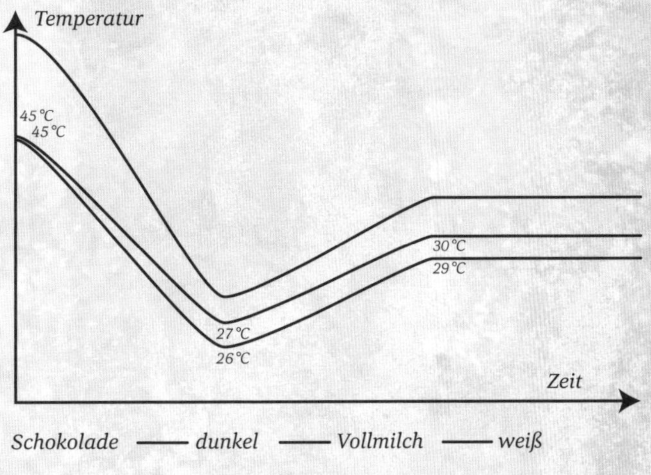

ZUCKER-ZUBEREITUNGEN

SIRUP

Es gibt verschiedene Arten von Sirup für unterschiedliche Zwecke, z. B. zum Pochieren von Früchten, zum Tränken von Gebäck oder zur Zubereitung von italienischer Baisermasse. Jeder Sirup besteht aus Zucker, der in Wasser aufgelöst ist. Die Unterschiede zwischen Sirupen liegen im Verhältnis von Zucker und Wasser.

ZUCKERSIRUP

ZUTATEN

1 l Wasser
1 kg Zucker

- Wasser und Zucker in einen Topf geben, zum Kochen bringen und 2 Minuten köcheln lassen. Schon ist der Sirup fertig.

LEICHTER SIRUP

ZUTATEN

1 l Wasser
200 g Zucker

- Wasser und Zucker in einen Topf geben, zum Kochen bringen und 2 Minuten köcheln lassen.

- Nach Belieben können Früchte oder Kräuter zugegeben werden, beispielsweise Zitronenverbene, Minze oder Hibiskusblüten, um den Sirup zu aromatisieren. In diesem Fall muss er vor der Verwendung durch ein feines Sieb gegossen werden.

KARAMELL

Als Karamell bezeichnet man Zucker, der auf eine Temperatur von mehr als 155 °C erhitzt wurde.

FLÜSSIGER KARAMELL

Vorbereitungszeit: 5 Min
Garzeit: 10 Min

ZUTATEN

300 g Puderzucker
50 ml Zitronensaft
150 ml Wasser

• Puderzucker, Zitronensaft und 50 ml Wasser in einen Schmortopf mit dickem Boden geben und auf mittlerer Stufe erhitzen, bis ein bernsteinfarbener Sirup entsteht.

• Die restlichen 100 ml Wasser zugeben und weitere 2 Minuten köcheln lassen. Dann ist der flüssige Karamell fertig.

KARAMELLSAUCE MIT GESALZENER BUTTER

Vorbereitungszeit: 10 Min
Garzeit: 10 Min

ZUTATEN

100 ml flüssige Sahne
100 g Zucker
100 ml Wasser
10 g gesalzene Butter in Flöckchen

• Die Sahne in einem kleinen Topf bei mittlerer Hitze zum Köcheln bringen.

• In einem anderen Topf Wasser und Zucker aufkochen, bis ein bernsteinfarbener Sirup entsteht. Den Sirup vom Herd nehmen. Langsam die heiße Sahne zugießen, dabei kräftig rühren, damit sich die Zutaten gut verbinden.

• Die Butter zugeben und rühren, bis eine dickflüssige Sauce entsteht. In eine Schüssel umfüllen und abkühlen lassen.

BROTAUFSTRICHE

SCHOKO-HASELNUSS-CREME

Vorbereitungszeit: 25 Min
Garzeit: 15 Min

ZUBEHÖR

Standmixer

ZUTATEN

200 g Haselnusskerne
120 g Puderzucker
150 g feiner Zucker
150 g Vollmilchschokolade
25 g Milchpulver
15 g Kakao
1 EL Sonnenblumenöl

• Den Backofen auf 180 ° C Ober-/Unterhitze vorheizen.

• Die Haselnüsse auf einem Backblech verteilen und 15 Minuten in den Ofen schieben. Herausnehmen und die warmen Nüsse auf einen Teller legen. Mit einem Geschirrtuch gründlich abreiben, um die Haut zu entfernen. Beiseite stellen.

• Für den Karamell 40 g Zucker in einem Topf mit dickem Boden bei schwacher Hitze schmelzen. Erst dann weitere 40 g Zucker hinzufügen und ebenfalls schmelzen lassen. Den restlichen Zucker zugeben und unter ständigem Rühren schmelzen lassen. Der Karamell ist fertig, wenn er einen schönen Bernsteinton hat. Ein Backblech mit Backpapier oder einer Silikonunterlage auslegen und den Karamell daraufgießen. Abkühlen und fest werden lassen, dann zerkleinern.

• Für den Haselnusskrokant 100 g geröstete Haselnüsse und den Karamell in einen Mixer fein zerkleinern. Beiseite stellen.

• Der Brotaufstrich ist bald fertig: Die restlichen Haselnüsse und den Puderzucker im Mixer zu einer kompakten, homogenen Masse verarbeiten.

• Die Schokolade über einem heißen Wasserbad oder in der Mikrowelle schmelzen und zusammen mit der Haselnusspaste in den Mixer geben. Krokant, Milchpulver, Kakao und Sonnenblumenöl hinzufügen und alles in Intervallen von 5–10 Sekunden mixen. Je länger du mixt, desto feiner werden die Feststoffe zerkleinert.

• Wenn die gewünschte Konsistenz erreicht ist, den Aufstrich in ein luftdicht schließendes Glas umfüllen und im Kühlschrank aufbewahren. Innerhalb von 7 Tagen verbrauchen.

SPEKULATIUSCREME

Vorbereitungszeit: 10 Min
Garzeit: 5 Min

ZUBEHÖR

Stabmixer

ZUTATEN

200 g Spekulatiuskekse
250 ml fettarme Kondensmilch (ungesüßt)
1 TL flüssiger Honig
1 TL Zimt

• Die Spekulatiuskekse mit dem Stabmixer in einem Rührbecher zu Pulver verarbeiten.

• Kondensmilch, Honig und Zimt in einem Topf erhitzen und gut umrühren. Die heiße Mischung über die Spekulatiusbrösel gießen.

• Mit einem Spatel oder Kochlöffel gut verrühren, bis eine homogene Masse entsteht.

• Die Masse in ein Glas umfüllen. Fertig ist der Spekulatiusaufstrich!

ANKO-PASTE

Vorbereitungszeit: 10 Min
Wartezeit: 2 Std
Kochzeit: 1 Std 15 Min

ZUTATEN

200 g Adzukibohnen
700 ml Mineralwasser
180 g Zucker
1 Prise Salz

• Die Adzukibohnen in eine Schüssel geben, mit kaltem Wasser bedecken und 2 Stunden einweichen.

• Abtropfen lassen und in einen Topf geben. Mit frischem Wasser bedecken und zum Kochen bringen. 5 Minuten köcheln lassen, dann abgießen und dasselbe mit frischem Wasser wiederholen.

• Wenn die Bohnen blanchiert sind und ihre Bitterstoffe abgegeben haben, das Mineralwasser in einen Topf gießen und die Bohnen zufügen. 50–60 Minuten köcheln lassen, bis sie sehr weich sind.

• Vom Herd nehmen und 10 Minuten im Wasser stehen lassen. Dann ein Drittel des Wassers abgießen, den Zucker und eine Prise Salz zufügen.

• Bei mittlerer Hitze wieder zum Kochen bringen und weitere 15–20 Minuten köcheln lassen, dabei regelmäßig umrühren. Dabei sollen die Bohnen zu einem dicklichen, leicht sirupartigen Püree zerfallen. Und damit ist die Anko-Paste fertig.

PISTAZIENCREME

Vorbereitungszeit: 10 Min
Garzeit: 15 Min

ZUBEHÖR

Küchenthermometer
Standmixer

ZUTATEN

125 g Pistazienkerne, ungeröstet
60 g Puderzucker
50 ml Wasser
30 g gemahlene Mandeln
3 Tropfen Bittermandelaroma
1 EL Erdnussöl (alternativ Sonnenblumen- oder Traubenkernöl)

• Den Backofen auf 150 °C Ober-/Unterhitze vorheizen.

• Ein Backblech mit Backpapier belegen, die Pistazien darauf verteilen und 15 Minuten im Ofen rösten.

• In der Zwischenzeit für den Sirup Zucker und Wasser in einem Topf erhitzen, bis der Zucker geschmolzen ist. Zum Kochen bringen. Wenn der Sirup 121 °C erreicht hat, den Topf vom Herd nehmen.

• Die gerösteten Pistazien in den Topf mit dem Sirup geben und mit einem Kochlöffel umrühren, bis die Pistazien gut umhüllt sind.

• Die Pistazienmasse in einen Mixer geben, gemahlene Mandeln und Bittermandelaroma hinzufügen. 2 Minuten mixen, dann die Masse einen Moment ruhen lassen. Das Öl zugeben und nochmals 10 Sekunden mixen. Fertig ist die Pistaziencreme.

BAISERS

ITALIENISCHES BAISER

Vorbereitungszeit: 15 Min
Garzeit: 10 Min

ZUBEHÖR

Küchenmaschine
Küchenthermometer

ZUTATEN

250 g Zucker
2 Spritzer Zitronensaft
150 ml Wasser
4 Eiweiß

• Für den Zuckersirup Zucker, Wasser und 1 Spritzer Zitronensaft in einen Topf geben. Bei mittlerer Hitze auf 115 °C erhitzen.

• In der Zwischenzeit Eiweiß in die Schüssel der Küchenmaschine geben. Einen Spritzer Zitronensaft zufügen und 2 Minuten bei niedriger Geschwindigkeit rühren. Dann auf eine höhere Stufe umschalten und das Eiweiß schaumig schlagen.

• Langsam den Zuckersirup zugießen und weitere 5 Minuten auf hoher Stufe schlagen, bis die Baisermasse steife Spitzen bildet. Sie ist fertig, wenn die Schüssel der Küchenmaschine vollkommen kalt ist. Die fertige Masse eignet sich beispielsweise, um damit eine Zitronentarte oder ein Omelette surprise zu überziehen.

FRANZÖSISCHES BAISER

Vorbereitungszeit: 15 Min
Backzeit: 1 Std

ZUBEHÖR

Küchenmaschine

ZUTATEN

4 Eiweiß
1 Spritzer Zitronensaft
200 g Zucker

• Den Backofen auf 90 °C Ober-/Unterhitze vorheizen.

• Eiweiß in die Schüssel der Küchenmaschine geben. Einen Spritzer Zitronensaft zufügen und 2 Minuten bei niedriger Geschwindigkeit rühren. Dann auf höhere Stufe umschalten und den Zucker auf einmal hinzugeben. Weitere 5 Minuten schlagen. Die Baisermasse ist fertig, wenn sie steife Spitzen bildet. In einen Spritzbeutel füllen und kurz zur Seite legen.

• Ein Backblech mit Backpapier auslegen. Die Baisermasse auf das Papier spritzen und 1 Stunde im Ofen backen. Sie sollte vollständig und bis ins Innere trocken sein.

EISCREME

VANILLEEIS

Vorbereitungszeit: 10 Min
Garzeit: 5 Min
Wartezeit: 15 Min
Kühlzeit: 5–10 Min

ZUTATEN

500 ml Vollmilch
250 ml Konditorsahne (mind. 30 % Fett)
2 Vanilleschoten
8 Eigelb (Bio)
110 g Zucker
5 g Fleur de sel
1 kg Eiswürfel oder zerstoßenes Eis
200 g grobes Salz

Cremiges Eis kann man in wenigen Minuten – und ohne viel Zubehör – zu Hause herstellen.

• Zuerst eine Crème anglaise zubereiten: Milch und Sahne in einen Topf geben. Die Vanilleschoten längs aufschlitzen und das Mark mit einer Messerspitze herausschaben. Vanilleschoten und Mark in den Topf geben. Die Milch-Sahne-Mischung zum Kochen bringen, dann vom Herd nehmen. Die Vanille einen Moment in der Flüssigkeit ziehen lassen, dann die Schoten herausfischen.

• In der Zwischenzeit Eigelb, Zucker und Salz in einer Schüssel mit einem Schneebesen schaumig schlagen. Die Vanillemilch unter ständigem Rühren in 3 Portionen unterrühren.

• Die Mischung wieder in den Topf geben und auf mittlerer Stufe erhitzen, dabei ständig mit dem Schneebesen rühren (Bewegungen wie eine 8). Ein Küchenthermometer benutzen, denn die Temperatur darf 84 °C nicht überschreiten, da sonst die Eier stocken. Damit wäre die Zubereitung ruiniert. Die Creme ist fertig, wenn sie auf der Rückseite eines Löffels eine Schicht bildet.

• Jetzt geht es ans Kühlen. Eiswürfel oder zerstoßenes Eis in eine große Schüssel geben und mit dem groben Salz mischen. Eine weitere Schüssel in die Mitte stellen und in diese die Creme füllen. Die Creme mit einem Kochlöffel oder Teigschaber 5–10 Minuten rühren. Die Temperatur von Eiswürfeln liegt normalerweise bei –2 °C, sinkt aber durch das Salz auf –16 °C – ideal, um das Eis von Hand kalt zu rühren.

• Schon nach wenigen Minuten ist zu sehen, wie sich die Creme verdichtet und in ein köstliches Vanilleeis verwandelt. Sofort servieren oder in einen luftdichten Behälter umfüllen und in den Gefrierschrank stellen.

SCHOKOLADENEIS

Vorbereitungszeit: 20 Min
Garzeit: 10 Min
Wartezeit: 12 Std
Rührzeit: 25 Min

ZUBEHÖR

Küchenthermometer
Eismaschine
Stabmixer

ZUTATEN

500 ml Vollmilch
250 ml Crème fraîche (mind. 35 % Fett)
100 g dunkle Schokolade, in Stücke gebrochen
90 g Kakaopulver
1 EL Honig
3 große Eigelb
150 g Zucker

- Am Vortag eine Rührschüssel in den Kühlschrank stellen.
- Unmittelbar vor der Zubereitung einen großen Behälter mit kaltem Wasser und Eiswürfeln vorbereiten.
- Vollmilch und Crème fraîche in einem Topf auf mittlerer Stufe erhitzen, dabei die Temperatur mit einem Thermometer überwachen. Wenn sie 60 °C erreicht hat, Schokolade, Kakaopulver und Honig mit einem Schneebesen unterrühren. Die Mischung bei schwacher Hitze warm halten.
- Eigelb und Zucker in einer Schüssel hell und schaumig schlagen.
- Die Schokoladenmischung auf 45 °C abkühlen lassen, dann zur Eigelb-Zucker-Mischung gießen, da-bei ständig mit einem Schneebesen rühren. Die Mischung wieder in den Topf umfüllen und bei mittlerer Hitze auf 85 °C erhitzen. Diese Temperatur mindestens 3 Minuten aufrechterhalten, um die Zuberei-tung zu pasteurisieren und natürliche Bakterien, die sich entwickeln könnten, abzutöten.
- Die gekühlte Schüssel aus dem Kühlschrank nehmen. Die Schokoladenmasse durch ein feines Sieb in die kalte Schüssel gießen. Die Schüssel sofort in das vorbereitete Bett aus Wasser und Eiswürfeln stellen. Die Schokoladenmasse rühren, bis sie auf 4 °C abgekühlt ist. Frischhaltefolie direkt auf die Oberfläche legen und die Masse 12 Stunden in den Kühlschrank stellen. Diese Ruhezeit ist wichtig, damit die Schokolade ihren vollen Geschmack entfaltet.
- Am nächsten Tag die Schokoladenmasse mindestens 4 Minuten mit einem Stabmixer durchrühren. Dann die Mischung in eine Eismaschine gießen und 25 Minuten rühren lassen. Inzwischen die Rührschüssel auswaschen und in den Gefrierschrank stellen.
- Nach 25 Minuten Rührzeit die Schokoladenmasse in die gekühlte Schüssel umfüllen, mit Frischhalte-folie abdecken und bei –18 °C einfrieren.
- Jetzt ist das Schokoladeneis bereit zum Genießen.

SAISIONALE FRÜCHTE

FRÜHLING

- Aprikose
- Avocado
- Banane
- Erdbeere
- Himbeere
- Kiwi
- Litschi
- Mango
- Melone
- Nektarine
- Papaya
- Passionsfrucht
- Pfirsich
- Stachelbeere
- Walderdbeere
- Wassermelone
- Zitrone

SOMMER

- Aprikose
- Banane
- Birne
- Brombeere
- Dattel
- Erdbeere
- Esskastanie
- Feige
- Haselnuss
- Heidelbeere
- Himbeere
- Kirsche
- Litschi
- Mandel
- Mango
- Melone
- Mirabelle
- Nektarine
- Papaya
- Passionsfrucht
- Pfirsich
- Pflaume
- Preiselbeere
- Quitte
- Schwarze Johannisbeere
- Stachelbeere
- Walderdbeere
- Wassermelone
- Zitrone
- Zwetschge

HERBST

- Ananas
- Apfel
- Avocado
- Banane
- Birne
- Clementine
- Dattel
- Esskastanie
- Feige
- Granatapfel
- Grapefruit
- Haselnuss
- Kaki
- Kiwi
- Kumquat
- Litschi
- Mandarine
- Mango
- Orange
- Papaya
- Passionsfrucht
- Pflaume
- Quitte
- Walnuss
- Weintraube
- Zitrone
- Zwetschge

WINTER

- Ananas
- Apfel
- Avocado
- Banane
- Birne
- Clementine
- Dattel
- Granatapfel
- Grapefruit
- Kaki
- Kiwi
- Litschi
- Mandarine
- Mango
- Orange
- Papaya
- Passionsfrucht
- Zitrone

UMRECHNUNG

VOLUMEN / GEWICHT

1 ml = 1 g
1 cl = 10 g
1 dl = 100 g
1 l = 1 000 g

LÖFFEL / GEWICHT

Zutat		Teelöffel		Esslöffel
Puderzucker	=	5 g	=	15 g
Mehl, Grieß	=	4 g	=	12 g
Butter	=	5 g	=	15 g
Crème fraîche	=	5 ml	=	15 ml
Öl	=	5 ml	=	15 ml
Salz	=	5 g	=	15 g
Pfeffer	=	2 g	=	5 g

GLOSSAR

A

AGAR-AGAR
Natürliches Geliermittel, das bei der Zubereitung von Coulis, Konfitüren, Fondants und Fruchtpürees verwendet wird.

AUSKLEIDEN
Die Wände einer Backform mit Mehl, Butter, Puderzucker oder auch einem Blatt Backpapier bedecken. Dies bewirkt, dass sich Gebäck später leichter aus der Form lösen lässt.

AUSROLLEN
Einen Teig mit einem Nudelholz auf einer bemehlten Arbeitsfläche bis zur gewünschten Dicke auswalzen.

AUSSTECHER
Ausstecher gibt es in verschiedenen Formen (rund, quadratisch, figürlich usw.) aus Metall oder stabilem Kunststoff. Sie werden benutzt, um aus ausgerolltem Teig gleichartige Formen auszustechen, beispielsweise für Plätzchen.

B

BACKRING
Ring aus Edelstahl, der als Ausstecher oder Form verwendet werden kann (je nach Größe auch Dessertring oder Tortenring).

BEISEITE STELLEN
Eine Zubereitung oder ein Lebensmittel während der Arbeit beiseite stellen, um es zu einem späteren Zeitpunkt zu verwenden.

BESTÄUBEN
Eine Fläche (z. B. die Arbeitsfläche) dünn mit Mehl bestreuen, damit Teig beim Formen oder Ausrollen nicht anklebt.

BODEN
Eine Schicht aus Teig, der mit anderen Zutaten (z. B. Creme oder Früchten) belegt wird.

F

FLAMBIEREN
Ein Dessert, Früchte oder andere Zubereitungen mit hochprozentigem Schnaps übergießen und anzünden. Das ist ziemlich gefährlich, triff daher alle nötigen Vorsichtsmaßnahmen und halte Kinder fern.

G

GELATINE

Geliermittel tierischen Ursprungs, das in der Konditorei für die Zubereitung von Bonbons, Marshmallows, Glasuren usw. verwendet wird. Gelatine kann durch pflanzliche Produkte wie Agar-Agar ersetzt werden.

GLASIEREN

Die Oberfläche eines Desserts mit einer Glasur überziehen. Gebäck sofort nach dem Backen mit Puderzucker bestreuen oder mit Zuckersirup bestreichen und nochmals kurz in den Ofen schieben, bis der Zucker geschmolzen ist. Dadurch erhält die Oberfläche einen schönen Glanz.

GLUKOSESIRUP

Glukosesirup wird aus Kartoffel- oder Maisstärke hergestellt und ist eine farblose, dicke, zähflüssige Masse. In der Konditorei wird er verwendet, um die Kristallisation von Zucker zu verlangsamen und den Gefrierpunkt zu senken, beispielsweise für weiche Karamellbonbons, Spiegelglasuren usw.

GOLDEN SYRUP

Dieser bernsteinfarbene Invertzuckersirup wird bei der Herstellung von Rohr- oder Rübenzucker gewonnen. Er ist reich an Saccharose, enthält Melasse und wird häufig in der angelsächsischen Konditorei verwendet.

GROB ZERKLEINERN

Obst, Gemüse, Trockenfrüchte oder auch Schokolade in unregelmäßige Stücke schneiden oder hacken.

K

KANDIEREN

Früchte in einen Zuckersirup einlegen, um sie haltbarer zu machen.

M

MASCARPONE

Italienischer Kuhmilch-Frischkäse mit relativ hohem Fettgehalt, wird traditionell für Tiramisu verwendet, eignet sich aber auch für Käsekuchen.

MATCHA

Pulver aus fein gemahlenem grünen Tee. Es gilt als gesund, weil es reich an Vitaminen und Mineralstoffen ist. Er hat eine intensiv grüne Farbe und kann zum Aromatisieren und Färben von Cremes oder Kuchen verwendet werden.

MULDE

Kleine Vertiefung, die in Mehl oder eine andere Hauptzutat gedrückt wird, um flüssige Zutaten hineinzugeben und anschließend zu vermengen.

GLOSSAR

R

ROSENWASSER
Nebenprodukt der Destillation von Rosenöl aus Rosenblättern. Es hat einen blumigen Geschmack und einen konzentrierten Rosenduft. Wird häufig in der orientalischen Küche verwendet.

RÖSTEN
Lebensmittel wie Kaffeebohnen, Nüsse oder Mandeln ohne Fett in einer Pfanne bräunen, damit sich ihre Aromen entfalten.

S

SCHAUMIG SCHLAGEN
Eier und Zucker mit dem Schneebesen kräftig verrühren, bis eine schaumige hellgelbe oder weiße Masse entsteht.

SCHLAGEN
Eine Mischung mit einem Schneebesen kräftig verrühren, um die Zutaten zu vermengen und Luft unter sie zu mischen, sodass sich das Volumen vergrößert.

RÜHRSCHÜSSEL
Schüssel, meist aus Edelstahl, mit halbkugelförmigem Querschnitt (d. h. ohne flachen Boden).

SIEBEN
Vorgang, bei dem Pulver wie Mehl oder Zucker durch ein Sieb gestrichen wird, um Klumpen oder gröbere Teilchen zu entfernen.

SPEISENATRON
Chemische Substanz, die beispielsweise verwendet wird, um Backwaren luftig aufgehen zu lassen.

SPRINGFORM
Eine Backform mit hohem Rand und einem Mechanismus zum Öffnen, sodass sich der Boden herausnehmen lässt. Sie wird für viele Gebäcke verwendet, beispielsweise für Biskuit- oder Käsekuchen.

T

TEIG
Eine Mischung aus verschiedenen Zutaten, die gebacken werden soll.

TEIGSCHABER
Ein weicher Spatel, der verwendet wird, um die Wände eines Behälters abzuschaben, sodass möglichst wenig verschwendet wird.

TRÄNKEN
Eine Flüssigkeit in einen Kuchen oder Keks eindringen lassen, um ihn saftig zu machen oder zu aromatisieren.

TRENNEN, EIER
Das Eiweiß vom Eigelb trennen.

U

ÜBERBRÜHEN
Mandeln, Haselnüsse, Pistazien mit kochendem Wasser übergießen und kurz stehen lassen, um die Haut anschließend leicht entfernen zu können.

W

WASSERBAD
Eine Küchentechnik, bei der ein Behälter mit einer Zubereitung über einen Topf mit kochendem Wasser gestellt wird, um die Zubereitung zu erwärmen oder zu schmelzen (z. B. Schokolade), ohne dass sie anbrennt.

WEICHE BUTTER
Butter, die auf Zimmertemperatur erwärmt ist und sich leicht verarbeiten lässt.

Z

ZESTEN
Feine Streifen der Schale von Zitrusfrüchten, die mit einem Sparschäler oder Zestenreißer geschnitten werden. Zum Aromatisieren oder zur Dekoration.

REGISTER

A

AHORNSIRUP
Frühstückspfannkuchen 64
Unvergesslicher Kuchen 80

ANKO-PASTE
Süße Bao 72

APFEL
Vergifteter Apfel 14

APRIKOSENKONFITÜRE
Drizellas Porridge 19

B

BANANE
Abenteuer-Eis 67
Legendäres Reisdessert 103
Pizza aus Davorseits 105
Tianas flambierte Bananen 30

BANH BAO (MEHL FÜR TEIGTASCHEN)
Süße Bao 72

BROMBEEREN
Lila Mousse für Jack-Jack 95
Winkekatzen-Muffins 58

C

CHILI
Kumandra-Tee 100

COINTREAU
Ein Kuchen für Cleo 38

E

ERDBEEREN
Hochzeitskuchen 32
Tatzen-Eis 86

ERDBEERKONFITÜRE
Ein Krapfen für Susi 48
Explosives Sandwich 78

ERDNÜSSE
Explosives Sandwich 78

F

FETA
Mama Madrigal Buñuelos 71

G

GRANATAPFELSAFT
Dämonen-Drink 98

GRAND MARNIER
Flambierte Crêpes 24

H

HAFERFLOCKEN
Drizellas Porridge 19

HASELNUSSKERNE
Ein Kuchen für Cleo 38

HEIDELBEEREN
Hochzeitskuchen 32
Pizza aus Davorseits 105
Verwandlungs-Küchlein 28

HIBISKUSBLÜTEN
Kumandra-Tee 100

HIMBEEREN
Hochzeitskuchen 32

HONIG, DISTEL
Verwandlungs-Küchlein 28

HONIG, FLÜSSIG
Abenteuer-Eis 67
Ein Lassi für King Louie 52
Explosives Sandwich 78
Frühstückspfannkuchen 64
Knusper-Karotten 88
Mama Madrigal Buñuelos 71
Pan de Muerto 60
Pennys Plätzchen 62

HONIG, LAVENDEL
Drizellas Porridge 19

I

INGWER, FRISCH
Dämonen-Drink 98
Knusper-Karotten 88

INGWER, GEMAHLEN
Pennys Plätzchen 62

INGWER, KANDIERT
Kronenkuchen 106
Pennys Plätzchen 62

J

JASMINBLÜTEN
Kumandra-Tee 100

JOGHURT
Ein Lassi für King Louie 52

K

KAKAOPULVER
Abenteuer-Eis 67
Randalls Cupcakes 91
Schwarzwald im Schnee 76

KARDAMOM
Ein Lassi für King Louie 52

KAROTTE
Knusper-Karotten 88

KIRSCHEN, KANDIERTE
Portorosso-Cannoli 68
Schwarzwald im Schnee 76

KIWI
Pizza aus Davorseits 105

KLEBREIS
Legendäres Reisdessert 103

KOKOSMILCH
Legendäres Reisdessert 103

KOKOSÖL
Abenteuer-Eis 67

L

LAVENDELSIRUP
Lila Mousse für Jack-Jack 95

LEBENSMITTELFARBE, GRÜNE
Hochzeitskuchen 32

LEBENSMITTELFARBE, ROTE
Vergifteter Apfel 14

LIMETTE
Legendäres Reisdessert 103

LIMONADE
Dämonen-Drink 98

M

MACADAMIA-NÜSSE
Cookies 26

MANDELBLÄTTCHEN
Flambierte Crêpes 24
Legendäres Reisdessert 103
Paris-Brest à la Lumière 20

MANDELDRINK
Drizellas Porridge 19
Ein Lassi für King Louie 52

MANDELMUS
Abenteuer-Eis 67

MANDELMUS
Pizza aus Davorseits 105

MANDELN, GEMAHLENE
Verwandlungs-Küchlein 28

MANGO
Ein Lassi für King Louie 52
Legendäres Reisdessert 103

MANIOKSTÄRKE
Mama Madrigal Buñuelos 71

MASCARPONE
Hochzeitskuchen 32
Randalls Cupcakes 91

MINZE
Dämonen-Drink 98

N

NOUGAT
Paris-Brest à la Lumière 20

NUSS-NOUGAT-CREME
Abenteuer-Eis 67

O

ORANGE
Dämonen-Drink 98
Ein Kuchen für Cleo 38
Flambierte Crêpes 24
Kronenkuchen 106
Pan de Muerto 60

ORANGENBLÜTENWASSER
Pan de Muerto 60

ORANGENLIKÖR
Flambierte Crêpes 24

ORANGENMARMELADE, BITTERE
Kronenkuchen 106

P

PALMZUCKER
Kumandra-Tee 100

PEKANNÜSSE
Tianas flambierte Bananen 30
Unvergesslicher Kuchen 80

PISTAZIEN
Drizellas Porridge 19
Portorosso-Cannoli 68

PISTAZIEN
Drizellas Porridge 19

R

RICOTTA
Portorosso-Cannoli 68

ROSENWASSER
Königlicher Hochzeitskuchen 32

ROSMARINSIRUP
Vergifteter Apfel 14

RUM
Tianas flambierte Bananen 30

S

SCHOKOLADE, DUNKEL
Ein Kuchen für Cleo 38
Mama Madrigal Buñuelos 71

SCHOKOLADE, WEISS
Pizza aus Davorseits 105

SCHOKOTRÖPFCHEN
Cookies 26

SPEISESTÄRKE
Edgars Crème de la crème 54
Mama Madrigal Buñuelos 71
Paris-Brest à la Lumière 20

SPEKULATIUS
Knusper-Karotten 88
Tianas flambierte Bananen 30

STERNANIS
Dämonen-Drink 98
Ein Lassi für King Louie 52

T

TEE, MATCHA
Winkekatzen-Muffins 58

TEE, SCHWARZER
Kumandra-Tee 100

V

VANILLEEIS
Tianas flambierte Bananen 30

VANILLEEXTRAKT
Abenteuer-Eis 67
Hochzeitskuchen 32
Randalls Cupcakes 91
Unvergesslicher Kuchen 80
Starke Waffeln 96

VANILLESCHOTE
Dämonen-Drink 98
Edgars Crème de la crème 54
Portorosso-Cannoli 68

VERBENE
Tatzen-Eis 86

W

WAFFELTÜTE
Abenteuer-Eis 67

WEISSBROT
Explosives Sandwich 78

Z

ZIMT
Dämonen-Drink 98
Ein Lassi für King Louie 52
Tianas flambierte Bananen 30

ZITRONENGRAS
Kumandra-Tee 100

Du bist nun am Ende deiner Lektüre angelangt und ich hoffe, dass es dir gefallen hat!

Ich beginne meine Danksagung traditionell mit meiner lieben Berengère: Ohne dich wären dieses Buch und die kulinarisches Abenteuer in den Fantasiewelten nicht möglich gewesen. Seit mehr als zehn Jahren teilst du dein Leben mit mir, dafür bin ich sehr dankbar. Danke auch für deine hohen Ansprüche und deine konstruktive Kritik, die dieses Buch besser gemacht haben.
Mein Sohn Henri hat kürzlich Robin Hood, Merlin und Cinderella entdeckt, und seit einer Weile singt er uns die Lieder der Aristocats vor. Deine Reise hat gerade erst begonnen, und ich kann es kaum erwarten, mit dir zusammen die Küche zu erobern.

Danke an meine Eltern und meine Schwester für ihre unerschütterliche Unterstützung, ihre Liebe und ihr Vertrauen. Papa, je mehr ich darüber nachdenke, desto mehr glaube ich, dass dein Apfelkuchen meine Leidenschaft für das Kochen geweckt hat. Einfach, bescheiden und doch fabelhaft, perfekt gewürzt und zubereitet mit all der Liebe, die du uns seit jeher entgegenbringst. Danke für diesen Funken, danke für alles.

Danke an Mehdiya und Nicolas, die meinen Rezepten mit fabelhaften Fotos Leben eingehaucht haben! Nicolas, dies ist ein weiteres Buch, das ich gerne in unsere Erfolgsliste aufnehme. Seien wir stolz darauf!

Danke an mein Team, insbesondere an Baptiste, der eine verständnisvolle rechte Hand ist und dessen Arbeit und Strenge mich zu kreativen Höchstleistungen antreiben.

Danke an alle, die mir beim Schreiben dieses Buchs geholfen haben, durch ihren Rat, ihre Leihgaben und ihre Zeit.

Danke an Catherine, Antoine und Anne vom Verlag Hachette Heroes. Ihr wisst, wie sehr ich unsere Zusammenarbeit schätze, und ich hoffe, dass sie noch lange andauert.

Danke an alle Mitarbeitenden von Hachette Heroes, die dieses Buch produziert und seinem Publikum zugänglich gemacht haben.

Danke an das Disney-Team, das mir die Türen zum Heiligtum geöffnet hat. Ich hoffe, ich habe mich dieser Aufgabe gewachsen gezeigt.

Ein letztes und großes Dankeschön geht an meine liebe Community – egal, ob du liest, meine Videos anschaust, Fan der ersten Stunde oder Genießer*in im Hintergrund bist.

Danke. Danke. Danke. DANKE.
Butter ist Glück.

Thibaud Villanova
Gastronogeek

Bibliografische Information der Deutschen Nationalbibliothek
Die Deutsche Nationalbibliothek verzeichnet diese Publikation in der Deutschen Nationalbibliografie. Detaillierte bibliografische Daten sind im Internet über https://dnb.de abrufbar.

Für Fragen und Anregungen
info@m-vg.de

Wichtiger Hinweis
Ausschließlich zum Zweck der besseren Lesbarkeit wurde auf eine genderspezifische Schreibweise sowie eine Mehrfachbezeichnung verzichtet. Alle personenbezogenen Bezeichnungen sind somit geschlechtsneutral zu verstehen.

2. Auflage 2026

Türkenstraße 89
80799 München
Tel.: 089 651285-0

Übersetzung: Wiebke Krabbe
Redaktion: Stephanie Kaiser-Dauer
Umschlaggestaltung: Isabella Dorsch
Abbildungen: Nicolas Lobbestaël
Satz: inpunkt[w]o, Wilnsdorf (www.inpunktwo.de)
Druck: Toppan Leefung Printing Limited, Dongguan
Printed in China

ISBN 978-3-7423-2538-9